覚悟さえ決めれば、たいていのことはできる

良品計画会長
松井忠三

サンマーク出版

はじめに

社長になったばかりの二〇〇一年の春。

私は新潟県小千谷《おぢや》市の焼却処理場で、社員と一緒に、煙突からもくもくと立ち上る煙を見ていました。

そこでは、無印良品の不良在庫の焼却処分がおこなわれていました。

市場で売れれば一〇〇億円分にもなったであろう、心を込めてつくりあげた商品が、どんどん燃やされ灰になっていきます。

時間も思いもかけてつくった商品が焼却炉に投げ入れられる姿を見て、社員たちは、身を切られるような思いだったに違いありません。

しかし私は、この姿を社員にも見てほしいと思いました。

これが、無印良品の現実だ。今のままでは、会社ごと灰になってしまうかもしれない。この現実を変えていかなければいけない。

覚悟は決まっていました。


私が、一八年間勤めた西友から、なかば左遷のようなかたちで「無印良品」を展開する良品計画に出向したのは、一九九一年のことでした。

そこから総務人事部長、無印良品事業部長を経て、二〇〇一年に、創業以来初の減益となり引責辞任をした前社長に代わって、社長に就任しました。

一九九〇年代に「無印神話」と言われるほど急成長した姿はすっかりなりをひそめ、パートタイムも含めて三三〇〇人以上の従業員がいるにもかかわらず初の減益に苦しみ、二万円に届こうかとしていた株価が三〇〇〇円を切るまでに凋落《ちょうらく》した……そんな中での社長就任でした。


そこから脇目もふらずに経営改革を進めた結果、ありがたいことに、就任して二年で業績がV字回復したといっていただいたり、過去最高の売上を記録したりすることもできました。

なぜ私が、このような仕事をすることができたのか？

その理由は、私の仕事能力がずば抜けているからとか、ものすごく運がいいからということではなかったように思います。

社長時代、そしてそれ以前に良品計画で働きはじめてから社長になるまでの間も、私は、あることを自分に問いつづけてきました。それは、

「覚悟を決めたか」

「やると決めたことを、徹底的にやり抜いているか」

この「覚悟」こそが、私の仕事人生を創《つく》ってくれたように思えてならないのです。

「覚悟」というと、古くさい精神論のように聞こえるかもしれません。

しかし、覚悟さえ決めれば、必ず物事を成し遂げることができます。

何かを成し遂げようとすれば、途中で必ず、越えなければならない高い壁が出てくるものです。そして、ここで覚悟を決めてやり抜くことができるかどうかが、勝負を分けます。

覚悟を決めていない人は「上司が反対するからできない」「今の環境では難しい」などと、自分以外の何かに責任をおしつけ、挑戦すること自体を先伸ばしし、いつしかあきらめてしまいます。

しかし、覚悟を決めている人は、人のせいにしたり、環境のせいにしたりすることはありません。「できないのは自分の責任」ととらえ、「今、自分は何をすればいいか」を考えます。すると、進むべき道が見えてきます。

最初はうまくいかなくとも、試行錯誤をしながら確実に一歩を重ねる。そうすることで、いつかはやり遂げることができるのです。

会社人生の前半生を人事畑で過ごしてきた私が、営業の責任者や物流の責任者を任せていただくことになったのも、重要な時期の経営を投げ出すことなくやり遂げることができたのも、とにかく「覚悟」を決めて、物事に当たってきたからです。

それほどに、「覚悟」とは、人を変えてくれるものだと思うのです。


とはいえ、しょっちゅう覚悟を決める必要はありません。小さな物事に強い覚悟を決めて当たっていては、本当に大事なことを成し遂げる前に疲れ切ってしまいます。

また、どこに自分の進むべき道があるか分からなかったり、本当にこの道を行っていいのか迷ったりしてしまっているうちは、覚悟を決めようがありません。そんなときは、自分が進むべき道が見えるまで考え抜けばいいのです。

しかし、人生において「ここは、覚悟を決めなくてはいけない」という場面は必ず訪れます。

「できないかもしれないけれど、やるべきだ」——そう思えたときが、覚悟を決めるときです。


これは、仕事だけに限ったことではありません。

どんな人生を歩みたいか、どんな人間関係を築きたいか――どんなことであれ、今の自分にできるかどうかわからないことを成し遂げたいと思ったら、何より先に「覚悟」を決める。すると、暗闇の中に方法が見えてきます。

自分の信じた道を行く。その道のりが、あなたの生き様になるのです。

本書では、私が覚悟を決めてやり抜いてきた仕事や、覚悟を貫くための考え方、そして私がこれまで信じてきた「仕事哲学」を、あますところなく皆さんにお伝えしたいと思っています。

この本が、読んでくださる方が覚悟を決めて、大きな目標を成し遂げるためのヒントとなれば、これほどうれしいことはありません。

二〇一五年三月

松井忠三

もくじ

第五章　未来を変える「松井式」目標達成法

ブックデザイン　轡田昭彦+坪井朋子
編集協力　坂田博史・乙部美帆
写真　疋田千里
編集　池田るり子（サンマーク出版）

第一章

「覚悟」を決めて、仕事の本質をつかめ

やりたい仕事でなくても、成果を出す秘訣

私が「無印良品」の母体である西友（当時・西友ストアー）に新卒採用で入社したのは、一九七三年のことです。総合スーパーの売上が全盛期で、その中でも「西のダイエー、東の西友」と、もてはやされていたときのことでした。

私は西友で一八年働いたのち、良品計画に出向し、総務人事部長、無印良品事業部長、流通推進部長を務め、良品計画が初の減益に陥った翌年の二〇〇一年に社長に就任しました。そこでの業績を認めていただき、良品計画を二年でV字回復させたと言っていただくようになりました。

こう書くと、願ったとおりに出世した、順風満帆のキャリアのように見えるかもしれません。しかし実を言うと、そもそも私は西友に憧れて入ったわけではありません。

たまたま目にした社員募集の広告を見て採用試験を受け、西友が入れてくれたので入社したにすぎないのです。

私は中学校、高校ではバレーボール部に所属し、日々、ハードな練習に明け暮れていました。実家は農家で、私は一人息子の跡継ぎとして育てられましたが、私自身は農家を継ぐつもりはなく、体育教師になる目的で東京教育大学（現・筑波大学）に進みます。大学は当時、七〇年安保で学生運動が真っ盛り。私も全共闘運動に参加していて、沖縄返還闘争のデモで警察に逮捕されてしまうことになりました。大学二年生のときでした。

そんな経歴があったので、教員採用試験を受けても、面接でいつも落とされてしまいました。おそらく、逮捕歴があることが教師にふさわしくないと判断されたからでしょう。

大学に五年いたこともあり、早く就職先を見つけなければならなかったのですが、東京教育大学は教師になるための大学で、一般企業に就職する学生はほとんどいませんでした。何のってもなく途方に暮れていたとき、たまたま目にしたのが西友の社員募集広告だったのです。

本音は教師になりたい。でも、就職先がなかったから、仕方なく西友を受けることにした。それが実際のところで、面接でも「きみは動機が薄弱だね」と言われたほどでした。

そんな経緯もあり、西友に入社したのは六月でした。一般の新入社員から二か月遅れで、ようやく社会人としてのスタートを切ることができたのです。

こんな「偶然」のようなかたちで西友に入社した私が、子会社であった良品計画に出向し、社長、会長となったのですから、わからないものです。

ですから、私を例にとってみれば、**「これが天職だ」「これが、自分の一番やりたい仕事だ」と思う職業に就けなかったとしても、結果として満足のいく仕事を成し遂げることはできるもの**だと思うのです。

そのために必要なのは、たった一つ。与えられた場で、覚悟を決めて、くさらず、せいいっぱい仕事をすることです。

私がかつて、「教師になりたかったのに……」などと考えながら、覚悟を決めずに仕事をしていたなら、どうでしょうか。きっと、良品計画の社長になることも、会社をV字回復させることもなかったでしょう。

とにかく、「覚悟」を決めて、物事にあたる。

私は四〇年間、それだけは守り抜いて仕事をしてきたように思います。

なぜ、覚悟を決めるとうまくいくのか？

これまでの経験から考えてみると、サラリーマンは、次のような四つの段階に分けられます。

［1］生活のために仕事をしている人

［2］少しがんばる人
［3］結果を求めてがんばる人
［4］覚悟を決めてやる人
この中で、四番めの「覚悟を決めてやる人」だけが、大きな仕事をやり遂げることができる。私はそう考えています。

小さな仕事をするのには、覚悟など必要ありません。しかし、大きな仕事をやるときには覚悟を決めてやらなければ、絶対にうまくいかないものです。

なぜなら、大きな仕事をやるためには、リスクをとる必要があります。リスクが大きければ大きいほど、失敗したら大きな代償を払わなければなりません。ですから、できることなら、リスクはとりたくないと思うことが多いでしょう。

しかし、**大きなリスクをとらずに、大きな仕事を成し遂げることはできない**のです。それなりのリスクしかとらない人は「それなりの仕事」しかできません。とれるリスクの大きさは、成し遂げられる仕事の大きさと比例する、と言ってもいいかもしれません。

私にもこれまで、「この仕事ができなかったら会社を辞めるしかない」と覚悟を決めて取り組んだ仕事がいくつかあります。

良品計画に移って、総務人事課長として、出向元から良品計画への「転籍」の制度をつくったとき。流通推進部長として一〇〇億円を使って物流システムをつくったとき。関連会社のムジ・ネットの社長として、住宅販売をおこなう新規事業に挑戦したときなどは、頭に〝五円ハゲ〟ができるほど悩み抜きました。

そしてもちろん、最大の「覚悟」が必要だったのは、良品計画の社長に就任したことでした。結果として、良品計画をV字回復させたと言っていただくことができましたが、就任前も、改革中も、それがよい結果になるかどうかは誰にもわかりません。自分の人生の中でも最大のリスクをとったと言えると思います。

しかし、「覚悟さえ決めれば、たいていのことはできる」ものです。

腹をくくって、不退転の決意でおこなえば、どんなに難しそうに見える仕事であっても、どんなに大きな仕事であっても、やり遂げることができるものなのです。

「仕事ができる」ために、もっとも大切なこと

少し話が前後しますが、西友の店舗で販売の仕事をしたのちに、能力開発担当の課長となったとき、「どうすれば『仕事ができる』ようになるのか」ということを、何よりも真剣に考えました。

課長といえば、いわゆる中間管理職です。上には社長や部長などの上司がいる一方、課というチームには何人もの部下がいます。

課長には、自分自身に与えられた仕事があり、さらにチームを率いるリーダーとしての仕事もあります。「仕事ができる」ようになるためには、自分の仕事とリーダーの仕事の両方ができなければなりません。

課長として、一社員として、組織の中で、「仕事ができる」ようになるために、もっとも大切にすべきものは何か？

私が出した答えは「信頼」でした。組織の中では、上司からも部下からも信頼されなくては、仕事はできません。**信頼こそが、すべての仕事の礎《いしずえ》になる**と考えたのです。

上司から信頼されていなければ、大事な仕事を任されることはありません。

部下から信頼されていなければ、チームとして仕事ができません。すると、大きな成果も出せないことになる。つまりそれは、「仕事ができない人になる」ということです。仕事ができなければ、会社の中に居場所がないということにもなりかねないのです。

そうならないために私は、「信頼」にはことのほか気を配ってきました。

そして、どうすれば上司や部下から信頼を得ることができ、どんなことをしたら信頼が失われてしまうのかと模索した結果、**「信頼の土台」**という考え方に行き着いたのです。

「信頼」とは、テーブルのようなものです。脚が四本あり、その上に信頼という板が載っています。つまり、**信頼を支えている四つの大事な脚があり、これら四つのことがきちんとできていれば、信頼の土台をしっかりと築くことができ、「仕事ができる」人になれます。**

そして、信頼の土台にある脚は、次の四つでできています。

［1］仕事をやり遂げること
［2］チームワーク
［3］素直・正直・公平
［4］行動力・実行力

信頼の土台の一本めの脚は、「仕事をやり遂げること」です。日々、自分の仕事を決められた期日までに一つひとつやり遂げることで、上司から、そして部下からの信頼を得ることができます。仕事で大きな成果を出すことも重要ですが、信頼を得るためには、「必ずやり遂げる」という積み重ねが重要なのです。

逆に、仕事を期日までに終わらせることができなかったり、完璧にこなさず中途半端にしてしまったりすると、信頼は徐々に失われていきます。

これは、社長であっても、新入社員であっても同じです。目の前の仕事を一つひとつやり遂げていくことが、周囲からの信頼を得るための術《すべ》なのです。

信頼の土台の二本めの脚は、「チームワーク」です。会社ではチームで働くことがほとんどですから、チームワークは欠かせません。

しかし、チームにはさまざまな人がいます。それぞれの人は、別の方向を向いて仕事をしているものです。しかし、それに気づかずに走り出してしまうと、右に進もうとする人と左に進もうとする人がいて、お互いの力を打ち消し合ってしまいます。すると、チームとしての成果を最大化することができなくなってしまいます。

リーダーの大きな仕事は、いろいろな方向を向いた人たちを一つの方向に向けて、チームワークを生み出すことです。

そのために、ミーティングを開いて自分の考えていることをていねいに語ったり、飲みに行って部下の現状や興味のあることをじっくり聞き、個人の考え方や環境を理解するようつとめたりすることで、チームメンバーにリーダーの指し示す方向を一緒に向いてもらうようにするのです。

信頼の土台の三本めの脚は、「素直・正直・公平」です。素直に話を聞いてくれる人、ウソをつかない正直な人は信頼されます。

その中でも、リーダーが特に気をつけたいのは「公平」です。人には好き嫌いがありますし、相性もあります。しかし、リーダーが自分の好きな人や相性のいい人の意見ばかりを聞いてしまうと、公平性を欠くことになります。また、相性ではなくとも、ＭＢＡを取得しているような部下ばかりを過大に評価してしまうこともあるかもしれません。

そうならないためには、すべての部下の「長所」を見るようにすることが大切です。気配りができる、仕事が早い、他の部門との調整が上手など、それぞれの「優れている箇所」を見て、評価を決めるようにします。決して、できないところや苦手な部分ばかりを見て「あいつはできない」などと評価をしてはいけません。

また、リーダー自身は公平にしているつもりでも、部下から見ると公平に思えないということもあります。たとえ自分はせいいっぱい気をつけていたとしても、相手から「あの人はえこひいきする」と思われてしまえば、信頼の土台は崩れてしまいます。ですから、リーダーは特に注意が必要なのです。

信頼の土台の四本めの脚は、「行動力・実行力」です。「言うは易くおこなうは難し」と言いますが、言いっぱなしで口だけの人を信頼する人はいないでしょう。せっかく今やるべき課題や、解決すべき問題があることがわかっていても、その課題や問題の解決のために実際に行動しなければ、何の意味もないのです。

机の前に座って考えているだけの人をあなたは信頼するでしょうか。ときどき失敗することもあるけれども、とにかくフットワーク軽く、自ら考えて自ら動く人のほうを信頼するのではないでしょうか。

信頼される人間でいつづける方法

信頼の土台は、四本の脚のうち一本でも欠けてしまえば、ぐらついて頼りないものになってしまいます。ただ、四本のうち三本の脚が残っていれば、ぐらつきながらも、まだ何とか立っていることができます。

しかし、脚が二本欠けてしまうと、信頼の土台は完全に倒れてしまいます。そして多くの場合、倒れてしまった信頼の土台は、二度と修復することはできません。

だから、もし**四本のうちの一本が欠けてしまったら、別の一本が欠ける前に、すぐに欠けてしまった脚を直すこと。これが信頼を維持するために大切**なのです。

たとえば、依頼された仕事が期日までにできなかったとします。すると今は、「仕事をやり遂げる」という脚が欠け、信頼がぐらついてしまっている状態です。ですから、次の仕事は絶対に期日までにやり遂げなければなりません。

また、チームのメンバーに迷惑をかけるような勝手な行動をとってしまったなら、「チームワーク」という脚が欠けて、あなたの信頼の土台は崩れかけています。そこからは今まで以上に、チームが進むべき方向をしっかりと見定めて、他のメンバーと協力して動くことを強く意識することが必要です。

やるべきことがわかっていても、ついつい後回しにしてしまうこともあれば、現場に行くのが面倒に感じられるときもあるかもしれません。そんなときは、「行動力・実行力」という脚が欠けて、信頼の土台が揺らいでいると考え、自分を奮い立たせて行動するようにします。

また、人間ですから、感情的になってしまったり、素直にアドバイスを聞けなかったりすることもあるかもしれません。そんなときは、「素直・正直・公平」の脚が欠けてしまったことをきちんと認識して、同じ過ちをくり返さないことを強く意識する。そうすることで、信頼の土台の脚を直していくことができるのです。

しかし、自分は懸命にやっているつもりでも、いつの間にか相手からの信頼が失われているということもあります。

私自身も仕事をするうえで、信頼の土台の四本脚が欠けていないかどうか、常に注意を払うようにしてきました。チェックを欠かさないことで、信頼に対する危機意識や、「あっ、今はこれが危ないかもしれない」と察知する感受性が高まり、早めに脚を修理することができるようになる。それが「仕事ができる」ためにはとても大切だと考えたからです。

では、どうしたら、信頼の土台がぐらついていないかどうかをチェックすることができるのでしょうか？

「信頼の危機」を見極めるには？

信頼の土台がぐらついたときに、すぐに察知するためには、**仲間がポロリと言った言葉を聞き逃さない**ことが重要です。

たとえば、「松井さんは現場をあまり知らないですよね」と部下がポロリと言ったときには、行動力・実行力の不足と考えて、現場に行く回数を増やしました。

部下からこう言われたとき、「そんなことはない」と、ムッとして聞く耳をもたなかったり、自分がもっている現場の知識を並べて反論したりする人もいるでしょう。けれども、**ここで大事なのは、自分に現場の知識があるかどうかではなく、部下には「自分は現場を知らないように見えている」ということ**なのです。

この言葉を、部下からの信頼が揺らぎはじめている黄信号だととらえ、素直に現場に行く回数を増やす。そうしなければ、信頼回復をはかることはできません。

ただ、自分に対する評価を直接聞く機会は、そんなに多くはありません。「上司が自分についてどう考えているか知りたい」と思ったとしても、上司に直接、「私への評価を教えてください」と言って聞けるようなものでもないでしょう。

そこで私は、**上司が親しく、よく話をする人と飲みに行く機会をつくる**ようにしていました。すると、飲みながらの雑談の中で、「そういえば、こんなことを言っていたよ」などと、上司の自分に対する評価を自然に聞くことができるからです。


「上司や部下、周囲の人が自分をどう評価しているかなど、気にする必要はない」

こう言う人もいるかもしれませんが、私は**上司や部下、周囲の評価こそ、自分への信頼のバロメーター**だと思っています。信頼がぐらつくとよい仕事はできませんから、積極的に情報収集をするよう心がけてきました。

ある上司が「松井は人を使う能力がまだ弱いみたいだね」と言ったと聞けば、信頼の土台となるチームワークの脚がぐらついたと考え、メンバーとのコミュニケーションをていねいにおこなうようにするなど、常に信頼の危機管理をしてきたのです。

よいことにしても悪いことにしても、自分についての評価というのは、「誰々がこんなことを言っていたよ」などと、間接的に耳に入ってくることがほとんどです。

それを、自分から取りに行く。そうすることで、信頼の土台が傾き切ってしまう前に直すことができるようになると考えています。

「本質的な仕事」だけに時間を使いなさい

覚悟や信頼の他にも、良品計画で働きはじめてから社長になるまで、そして社長になってからも、いつも変わらずに大切にしてきたことがあります。

それは、「本質的な仕事をする」ということです。

そもそも仕事には、「本質的な仕事」と、「本質的でない仕事」があります。

木の幹となる仕事もあれば、枝葉の仕事もあると言い換えてもいいかもしれません。目の前に多くの仕事があるとき、幹となる仕事を優先的におこない、枝葉の仕事を後回しにする必要があります。この見極めができていないと、枝葉の仕事に振り回され、時間を奪われ、大切な幹となる仕事ができなくなってしまうからです。

仕事の出来というのは、「人よりも早く仕事がこなせる」かどうか、「たまたま結果が出る」かどうかで決まるのではありません。では、何で決まるのかといえば、**「限られた時間を本質的な仕事に使うことができるかどうか」**です。

誰にでも、時間は公平に与えられています。その時間を、本質的でない仕事に割り当ててしまう人は「仕事ができない人」、どんなに忙しくても本質的な仕事を外さずに確実に成し遂げる人は、枝葉の仕事が多少おろそかになっていても「仕事ができる人」と言われるのです。

たとえば、どれが本質的な仕事かを見分けられているかが一番よくわかるのが、メールの返信です。

メールにも、返信すべき大事なメールと、そうではないメールがあります。それを意識せずに、「来たメールにはすぐに返信しなければ」と考えて仕事をしてしまう人は多いものです。すると、メールの返信をしているだけで半日が過ぎてしまうようなことが起こります。

そうならないためには、まずはメールチェックの時間を限定する必要があります。ある企業では、「午前中はメール禁止」と決めているそうですが、これは生産性を上げるのに有効な方法でしょう。

けれども、たとえメールチェックの時間を、「午後だけ」とか、「朝、昼、晩の一日三回」と決めたとしても、すべてのメールに返信していたのでは時間がいくらあっても足りません。

そこで、**メールの返信を練習台として、本質的な仕事を見極める訓練をしてみてください**。そして、実際にかかった時間と、メールをする相手との関係性を観察してみるのです。

すぐに返信するメール、あとで返信するメール、読むだけで返信しないメール、読む必要なしと判断して途中で読むのをやめるメールの振り分けを瞬時におこなう。

そうすることが訓練となり、メールだけでなく、枝葉の仕事を見分け、捨てられるようになっていきます。

二億円をドブに捨てた経験から学んだこと

どんなに一生懸命やったとしても、本質を外した仕事では、成果を出すことはできません。そのことを身をもって経験したのは、西友の人事部で能力開発担当（課長）をしているときでした。

総合スーパーというビジネスモデルの全盛期が過ぎ、西友の業績が悪化の一途をたどっていた一九八〇年代のことです。

業績を回復させるためには、幹部社員の意識改革こそが重要だということになり、能力開発担当である私に、その仕事が回ってきました。

意識改革をするために、なんと二億円の予算がつき、日本最高の意識改革研修、いや世界最高の意識改革研修をしようと意気込みました。日本でできる意識改革の研修をすべて調べ、その内容を研究しました。そして、精神的にかなりハードな内容で、アメリカでは自殺者が出たこともあるというほどの研修を見つけました。本気で意識改革をするのなら、多少ハードであっても、とにかく効果の高いものをと考え、「これが最適だ」と提案しました。

結論から言うと、この研修では幹部の意識改革はできず、西友の業績が回復することもありませんでした。ある幹部からは、こう言われました。

「何でこんな研修を始めたんだ！　バカじゃないのか」

今振り返れば、この幹部の言うとおり、バカなことをしたということがよくわかります。**本質から外れた仕事は、どんなに一生懸命やっても成果には結びつかない**ことがわかっているからです。

このときの仕事の本質は、西友の業績を回復させることでした。だとしたら、幹部の意識改革をおこなうという仕事自体が、本質から外れていたのです。なぜなら、幹部の意識改革で業績を回復させることはできないからです。

西友の業績を回復させるためには、すでに競争力を失っている総合スーパーというビジネスモデルを改革することこそが本質でした。ビジネスモデルを変えていく過程で、幹部や社員の行動が変わり、行動が変わることで意識も次第に変わっていくという順番が正しいのです。

つまり、**意識改革が最初に来るのではなく、意識改革というのはあとからついてくるもの**だということです。

こうした仕事の本質がわかっていなかった私は、言われた仕事を言われたとおりにやっただけで、二億円をドブに捨ててしまったも同然でした。いい勉強になったとはいえ、その代償は大きすぎるものでした。

なぜ、意識を変えても業績は上がらないのか？

なぜ、意識改革で業績を上げることはできないのか。
それは、「マッチ一本火事のもと」と言っているだけでは、絶対に火事は防げないのと同じことです。

店舗運営において、火事はもっとも恐ろしい災害の一つです。そこで、経営トップが「マッチ一本火事のもと。火に注意しなさい」と言ったとします。それによって、役員以下、新入社員まで全員に「マッチ一本火事のもと。火に注意しなきゃ」という意識が浸透したとして、はたして火事は防げるでしょうか。

人間は間違います。失敗もします。強く意識していてもできないこともあります。
それなら、**意識を浸透させるよりも、火事が起こらない、つい失敗しても火事にな**

らない仕組みをつくったほうがいいのです。

マッチやライターを使える場所を限定したり、火を使う場所には必ず消火器を置いたり、防火シャッターを設置したり、そもそも火の使用自体を禁止したりなどのルールや体制をつくる。このほうが、「マッチ一本火事のもと」という張り紙をするよりも火事を防げる可能性が高いことは、誰の目にも明らかでしょう。

つまり、**意識を変えたければ、まず行動を変える仕組みをつくり、実際に行動が変わり、成果が出る。その過程で意識が変わる、という順番にする**ことが重要です。

たとえば無印良品では、商品開発の仕組みとして、「オブザベーション」という手法を取り入れています。

オブザベーションとは観察のことで、お客さまの生活をつぶさに観察して、〝これが欲しい〟というはっきりとしたニーズにはまだなっていないけれど、商品になれば売れるという「シーズ」を探って商品開発をおこなう手法です。

商品開発の担当者は、それまでは「何が売れているか」というお客さまのニーズを探っていたとしても、「オブザベーションで商品をつくる」と決めて実行することによって、お客さまの生活を観察するようになります。

ニーズからシーズへと実際につくる商品が変わり、成果が出ると、さらにいい商品をつくれるような「次の仕組み」を考える発想になります。こうなってはじめて、商品開発者の意識改革ができたことになります。

社風や会社の文化も同じです。これを変えようと思ったら、行動が変わるような仕組みをつくり、実際の行動を変えて成果を出すしかありません。それができるのが仕組みであり、仕組みの強さなのだと思います。

会社の業績を上げたければ、幹部や社員の意識改革をおこなうのではなく、実際の行動が変わって成果が出る仕組みをつくることが重要なのです。

本質をつかむ仕事術で、一番大事なこと

本質をつかむ過程は、医者が病気の原因を突き止める過程と似ています。

たとえば、四〇度の熱が出て病院に行ったとしましょう。医者は、さまざまな可能性の中から、熱が出た原因を探っていきます。

「インフルエンザではないか?」

「何か悪いものを食べたのではないか?」

「内臓のどこかが炎症を起こしたのではないか?」

四〇度の熱を引き起こす原因はいくつも考えられますから、それらを一つひとつ確認して、可能性のないものを消していきます。

「これが原因ではないか」という可能性の高いものを見つけたら、それが本当の原因なのかを、検査をして調べます。

検査をして、本当の原因でないことがわかれば、他の可能性を考え、また検査をおこない、本当の原因が特定できるまでくり返す。原因が特定できたら、それに対する治療をおこなう。これが、医者が病気を治す方法です。

すぐに病気の原因を突き止めることができる医者もいれば、なかなか突き止められない医者もいます。残念なことに、なかには本気で原因を突き止める気がない医者や、自分の経験や思い込みで原因を判断して、間違った治療を始めてしまう医者もいるかもしれません。

そして、原因が違えば、治療法も変わってきます。間違った治療をいくらたくさんしても、病気が治ることはありません。

この「医者」をビジネスマンに、「病気」をビジネス上の問題や課題に置き換えてみると、私たちにも同じことが言えます。

たとえば無印良品であれば、お店の売上が昨年を下回るという症状が出たら、私たちはその原因を探らなければなりません。

商品力が落ちたからなのか、宣伝が悪かったからなのか、陳列が悪かったからなのか……考えられるさまざまな原因の中から可能性の高いものを見つけ、ユニクロやニトリ、しまむら、ＧＡＰといったライバル会社の施策や数字も並べて検証をおこない、原因を徹底的に探ります。

すると、売上が昨年を下回った原因らしきものが見えてきます。いくつかの原因が特定できれば、その治療法となる対策を考えます。

対策には、すぐにできるものもあれば、時間がかかるものもあります。簡単には対策を打てないこともあるかもしれませんが、それでもいいのです。原因さえ特定できれば、やりようがあるからです。

ここで大事なのは、負けの本質を突き止め、根本から解決をすることです。

一番まずいのは、本質をつかむことなく、対症療法ですませてしまうことです。原因がわからなくとも、解熱剤を飲めば熱は下がるかもしれません。しかしそれは、一時的にはいいかもしれませんが、薬の効き目が切れれば、また四〇度の熱が出てしまうことになりますから、意味はありません。

仕事も同じです。本当の原因を突き止めることなく、ただ他社を真似て値下げをしたり、商品をやみくもに変更したりしてみたところで、本当の解決にはなりえません。どんなに時間がかかったとしても、本質をつかみ、根こそぎ解決をしてしまうことが必要です。

本質をつかまない解決法ばかりを選んでいると、会社は命を落とすことになってしまうのです。

本質にたどり着くために、捨てるべきもの

本質をつかむ仕事をするうえで、「経験」が邪魔になることがあります。実は私は、**仕事において「経験主義」は徹底的に排除することが大切**だと考えています。

たとえば、暖冬の年に売上が下がった経験をもつ店長がいたとします。その店長が、「今年の冬は暖冬になりそうです」という予報を耳にしたら、いったいどうするでしょうか。

きっと、これまでの経験をもとに、暖冬対策を考えて試してみるはずです。そして、売上が上がれば、「よい暖冬対策だった」という成功体験になり、売上が下がれば「暖冬だったのだからしかたない」と思います。

しかし、次に暖冬が来たとき、うまくいった成功体験をもとにして同じ対策を実施したとしても、また成功するかどうかはわかりません。

とにかくやってみて、失敗したら「この暖冬対策はよくなかった」と判断し、成功したら「やはり、この暖冬対策はよかった」と判断する。これが「経験主義」です。

経験主義の何が悪いのか、わかりますか?

経験というのは、自分の体験でしかありません。しかし、自分の経験だけから物事を考えている限り、本質にたどり着くために、何度も失敗を経なければならなくなります。本質にたどり着く前に失敗をくり返していては、「こいつは仕事のできないやつだ」というレッテルを貼られてしまうことにもなりかねないのです。

では、どうすればいいか。

「愚者は経験に学び、賢者は歴史に学ぶ」という格言があるように、過去までさかのぼったたくさんの他人の経験、つまり歴史から学ぶようにすべきなのです。

「暖冬が来る」という予報を耳にしたら、過去に暖冬でも売上を伸ばした店がないかを調べます。もし自社の店の中になければ、ライバル会社の店も調べてみます。

暖冬の中でも売上を伸ばした会社は必ずあります。そうしたら、その会社の勝因を探ります。商品そのものに原因があることも多いのですが、その他の理由として、陳列や宣伝がよかったから暖冬でも売れたのか、暖冬の予報が出たから冬物のセールを早くおこなったからなのか、何かしら理由があるはずです。

こうした、**たくさんの会社に共通する「勝ちの理由」の中にこそ、ビジネスの本質**

が隠れています。

もちろん、自分の経験は大事なものです。経験しなければわからないこと、経験しなければできるようにならないことはたくさんあります。だから、いろいろな経験を積んだほうがいい。

しかし、たった一人の経験だけに頼る「経験主義」は危険です。本質をつかもうと思えば、多くの経験を積みながらも、それは小さな世界で起きたことにすぎないと謙虚に考え、他人の経験にも目を向けることが大切なのです。

逆境のときに見えた「人間関係の本質」

本質というのは、さまざまな経験や歴史を通して見えてくるものですが、逆境のときにこそ、よく見えてくる本質もあります。

私に西友から良品計画への異動の内示が出たとき、多くの人が私のまわりから去っていきました。そのころ、業績が悪化しているとはいえ、西友は一部上場企業であり、良品計画はその子会社の一つにすぎませんでした。一度、子会社に出向した人は西友に戻ることはほとんどなく、この辞令は片道キップであることも周知の事実でした。いわば左遷の状態です。

「松井も無印に出されたか。西友に戻ってくることはない、終わったな」

そう思った人は、自然と私から離れていき、その後、つきあいがなくなりました。

友にも「月夜の友」と「闇夜の友」がいると、このとき、つくづくわかりました。月が照って先が明るく見えているときには誰もが寄ってきて「月夜の友」になりますが、一転、真っ暗闇になって先が見えなくなると、蜘蛛《くも》の子を散らすようにいなくなり、「闇夜の友」だけが残ります。そして、真の友とは「闇夜の友」なのです。

左遷されたことで、これまでは見えなかった人の気持ちが見えるようになり、さまざまな人間模様を経験する中で、人間関係の本質、組織の本質を垣間見ることができました。

本質が見えたら、その本質に逆らわないように生きていくほうがいいのは言うまでもありません。

大きな人を育てるのに一番いい方法は、若いころに貧乏を経験させることだといいます。私も、それ以外の方法はないのかもしれないとすら思います。

それは経営者でも同じです。エリートコースを歩んで社長になった人は、だいたい二年で会社をおかしくしてしまいます。また、「三代目社長が会社をつぶす」と言われることもあります。

これはつまり、初代の創業社長は逆境と苦労の連続で、二代目はそれを間近で見た経験がありますが、三代目になると、いいときの経験しかありませんから、そのうちに会社がおかしくなって最後はつぶれてしまう、ということなのでしょう。

そして、**左遷されたり、飛ばされたり、大きな病気をした経験があったりする人は、その後の仕事がうまくいくことが多い**と思うのです。

逆境を経験し、その中で苦労しながらも自力で何とか結果を出す。そうした経験を積むことで、「人間の本質」や「組織の本質」、そして「仕事の本質」が学べるからです。生まれながらの家は選べませんが、仕事で苦労をすることは、多くの人に起こりうることです。そこで、くさらずに自分の糧とできるかどうか。それが、その後の仕事人生を変えるのです。

「おまえが悪い」と指さしたとき、三本の指は自分をさしている

しかし、左遷などで逆境に立ったとき、やる気を失ってくさってしまう人がいます。

「会社は自分のことを理解してくれない」

「上司が自分をよく見て評価してくれない」

というふうに考え、他人に責任を押しつける思考になってしまうのです。自分は悪

くない、悪いのは会社や上司だと考えるようになると、目の前の仕事にも身が入らなくなります。そうなれば当然、成果も出せなくなります。

周囲の人も、「他人が悪い」とばかり考えている人と一緒に仕事をしたくはありません。もちろん不平不満ばかり言っている人を応援しようとも思いませんから、チームを組むこともできなくなり、どんどん負のサイクルに入っていき、会社人生は暗澹《あんたん》たるものになってしまいます。

こうして、逆境でくさってしまう人を、私もずいぶん見てきました。そして、そんな心境の人に、よく言うことがあります。

それは、**「おまえが悪い」と相手を指さしたとき、人差し指と親指は相手を向いているが、残りの三本の指は自分を向いている**ということです。つまり、相手にも悪いところがあるかもしれませんが、それ以上に自分が悪いことが多いということです。

もちろん、会社や上司にも四割ぐらい悪いところがあったかもしれません。すべてがあなたの責任というわけではないでしょう。しかし、その他の六割は自分が悪かったと考えるところからしか、再スタートは切れないのです。

正直なところ、私も良品計画への異動を告げられたときは、寂しい気持ちになりました。

西友の能力開発担当（課長）から、良品計画の総務人事課長へ異動になったのですが、当時、西友の課長であれば、良品計画では部長になるのが普通でした。しかし、それすらないままでの異動だったからです。

しかし、そんなことに文句を言っても仕方ありません。異動や処遇に不平不満を言ったところで、それが変わることはありません。私自身、一五年間人事の仕事をしていたのですから、それはよくわかっていました。

くさってしまって負のサイクルに落ちていく人を見てきたこともあり、「とにかく、くさらずやっていこう」という気持ちを強くしたのです。

そして、その後の良品計画は業績が好調に推移して、どんどん事業規模を拡大していくことになりました。

私の経験から言っても、左遷や、希望にそぐわない異動だからとくさってしまうことが、いかにもったいないことかがわかるのではないでしょうか。

やる気を失ってくさってしまえば、そこで会社人生は終わりです。そうならないためには、**与えられた仕事、与えられたミッションに対して、「必ず成果を出す」という強い気持ちをもって全力で取り組み、一〇〇パーセント責任を果たす**ことです。

もし私が、良品計画に異動となったことでやる気を失ってしまっていれば、無印良品事業部長になったり、物流の責任者を任されたり、果ては社長になることも絶対になかったでしょう。

ですから、もし、今、思いどおりにならない人事でくさりかけている人がいるのなら、ぜひ歯を食いしばってほしいのです。厳しいことを言うようですが、**くさりかけた気持ちは、他の人に立て直してもらうことは絶対にできません。自分で立て直すしかない**のです。

成果の出ない仕事から、仕事の本質を知る

これまで述べてきたとおり、私も本質から外れた仕事をしてしまったこともあれば、左遷も経験しました。それでも、ムダな経験は一つもなかったと言い切れます。

経営幹部の意識改革を、と大金をつぎ込んだものの成果を生まなかったという手痛い経験は、意識改革で組織を変えることはできないし、業績を上げることもできないという本質的なことを学ばせてくれました。

成果が出ない仕事をすると、「ムダな仕事をした」と思いがちですが、そのムダな仕事がなぜ成果を生まなかったのかを考えれば、仕事の本質に迫ることができます。

遠回りをしているようですが、遠回りをしないと見えないものもあるのです。

若い人を見ていると、できるだけ効率的に最短距離を進もうとする人がいますが、

それでは本質は見えてこないし、経験の幅も広がりません。**「迷ったら、遠い道を選んだほうがいい」**と私が思うのは、このためです。

私の大学時代の友人は、ほとんど学校の先生になり、そのうちの半分以上が校長になりました。そうした友人と話すと、人生にムダな経験は一つもないという点で、いつも一致します。ビジネスでも、学校教育でも、同じところにたどり着くのでしょう。もし、人生にムダな経験など一つもないと思えないとしたら、それは途中であきらめてしまったことがあるからではないでしょうか。途中であきらめてしまえば、それまでの経験はムダになってしまいます。

「リーダーとは、リーダーたらんとして行動してきた人だ」

これはP・F・ドラッカーの言葉です。同じように、あきらめずにやり抜こうと決めた人だけが、人生にムダな経験は一つもないと思えるのだと思います。

第二章

「勝てるチーム」に変える
リーダーシップのとり方

リーダーに必要な「任せる」力の磨き方

良品計画に移って四年めの一九九四年に、私は総務人事部長から無印良品事業部長になりました。

無印良品事業部長とは、商品部と販売部、スタッフ部門である業務課を束ねる役職で、当時の本社社員の八割、約二〇〇人が部下になりました。パートタイマーやアルバイトを入れると、実に一〇〇〇人以上になります。総務人事部長のときの部下は一〇人以下でしたので、いきなり部下が二〇倍にもなったのです。

それまでは、全員と顔を突き合わせて指示を出したり、話を聞いたりできましたが、二〇〇人に対して同じことはできません。顔と名前が一致しない人もいます。

しかも、これまでずっと人事畑を歩んできましたから、商品部の仕事も、販売部の仕事も、業務課の仕事もくわしく知りませんでした。

「どのように指示を出し、どう仕事を進めていくか」と考え、決めたことがあります。それは、商品部長と東西の販売部長、業務課長の四人にそれぞれの業務を任せること。そして、私はその**四人とだけ、しっかりとコミュニケーションをとる**ことです。

「リーダーは、部下に仕事を任せる」。当たり前のようですが、私はこの「任せる」がうまくできるかできないかで、仕事の成果がまったく違ってくると考えています。

任せるというのは、「丸投げする」ことではありません。また、「放任する」こともありません。

「この仕事は任せたよ」と言って、あとは部下の好きなようにやらせるのは、単なる丸投げ、放任と言えます。「任せたのだからいいではないか」と思う人もいるかもしれませんが、ここには大きな落とし穴があります。

それは、部下が成果を出せるかどうかが部下次第になってしまうことです。

「任せる」というのは、部下に仕事を割り振ることではなく、部下の仕事を成功させることを言うのです。

ですから、仕事の結果が部下次第になってしまっているなら、リーダー失格です。

また、放任とは逆に、一挙手一投足、事細かに管理する人もいます。これは任せることができない人のマネジメントのやり方です。部下が一人、二人ならばそのやり方でもできますが、人数が増えてきたら必ず破綻します。

では、任せるために大事なのは、いったい何でしょうか？

任せるために大事なのは、「伝え方」です。

仕事を任せるときには必ず、最初に、

①その仕事の目的

②いつまでに

③どれくらいのレベルまで目的を達成してほしいか

この三つを明確に部下に伝える必要があります。

「これ、やっておいて」などという曖昧《あいまい》な任せ方をしているとすれば、リーダーとしては無責任であると言っていいと思います。

そして、大事なことは、部下に自由な裁量を与えて思い切りやらせつつも、ポイント、ポイントで重要なことを確認し、部下にきちんと成果を出させるための道筋をつくってやることです。

部下に任せたといっても、成果を出す最終責任は、任せた人にあるのです。ですから、きちんと成果が出るかどうかを確認するのがリーダーの仕事です。

部下に「ちゃんとやったか?」と聞いて、「ちゃんとやりました」と報告を受けたとしても、思うとおりにはいっていないことが多いもの。任せた仕事の成果が出たか、自分の考える目的が本当に達成されたかを確認するところまでがリーダーの仕事ということになります。

リーダーの仕事は、リーダー一人でやることはできません。部下に任せて、実行してもらって成果を出し、目的を達成する。実はこれは、自分一人で仕事をするよりも難しく、高度な仕事のやり方です。

その代わり、うまくやれば、一人では決してできないような大きな仕事も、チームとしてやり遂げることができるのです。

本質は、「たわいない話」にこそ隠れている

任せることができるリーダーであっても、直接指示を出し、顔を見てやりとりできる人数は限られています。

私が無印良品事業部長になったときは、商品部長と東西の販売部長、業務課長の四人にそれぞれの業務を任せ、この四人とはしょっちゅう飲みに行き、私の考えていることを話して理解してもらいました。

ただ、「今日はこれを伝えよう」といった、かしこまった場にすると、私も四人も楽しめません。そういう方針伝達のようなことは会議でおこない、飲むときにはたいてい、たわいない話をして一緒に楽しんでいました。たわいない話をしているだけでも意思疎通ははかれるものです。

そして、**たわいない話の中で出る、普段では耳に入らないような話にこそ、大きなヒントが隠れている**ことがあります。

私が、その後の良品計画をつくっていくうえで大きなヒントとなった、「人災」という言葉を聞いたのは、こうした飲んでいる席でのことでした。

「いやあ、どうしてA店の売上は悪いんだろうねえ」

「しょうがないですよ、松井さん。人災なんですから」

「人災？　人災って、どういうこと？」

「店長が悪いんですよ。店長がいい店は売上を伸ばしているし、ダメな店長の店は売上が下がる一方ですから」

彼は、何の気なしに言ったはずです。しかしこれを聞いて、やはり「経験主義」を貫いていてはダメなのだという本質を聞いた思いがしました。

「人災だ」「店長が悪いからだ」と言っていたのでは、そこから一歩も前に進んでいきません。店の売上が店長のよし悪しで決まってしまってはいけないからです。

もちろん、すばらしい店長が売上を伸ばしてくれることはあるでしょう。しかし、店長で変わるのは、売上のせいぜい一〜二パーセントにするべきです。**勝負は、企業の総力で決まるようにしなければなりません**。そうしなければ、企業が時代を超えて長く勝ち抜いていくことはできないのです。

そのための仕組みづくりが、無印良品事業部長としての私の仕事だと、「人災」という言葉を聞いて気づいたのです。

リーダーは、「弱み」を見せなさい

今ははやらないのかもしれませんが、いわゆる「飲みニケーション」は、仕事をするうえで多くの役割を担ってくれます。私の場合は、仕事上のコミュニケーションが表面的になりがちなのを、飲みニケーションが補完してくれました。

飲みに行くと、本音がポロリと出たり、本音のぶつかり合いになったりしたものです。本音のコミュニケーションをざっくばらんにやることで、仕事場とは違った姿が垣間見られ、「ああ、こういう面もある人なんだ」と知ることで、親近感がわくこともありました。

私はそこで、自分の弱いところをよく話していました。

「いやあ、『休肝日』をつくらなきゃいけない、いけないと思いながら、結局、週七日とも飲んじゃうんだよね。ダメだね～」

リーダーは、完璧であろうとするよりも、ときどき弱みを見せるぐらいのほうが、部下との距離を縮められるような気がしています。

「リーダーは背中を見せろ」とよく言われますが、そこには、かっこいい背中や努力している背中だけでなく、ちょっと情けない背中も含めて、リーダーのありのままの姿を見せろという意味があるのではないでしょうか。

この「弱みを見せる」ことの大切さを肌で感じたのが、「平成の名経営者一〇〇人」にも選ばれた吉越《よしこし》浩一郎さんがトリンプの社長をなさっていたころ、有名な早朝会議を見学に行ったときのことです。

その会議では、吉越さんは案件を一つずつスライドで映し、全員の前で次々にデッドラインを決めていくのですが、その中で「明日、吉越は誰とゴルフ」という情報まで公開されていて、驚きました。

接待やつきあいなどの仕事を含んだものであっても、平日に社長がゴルフをしていることは言いづらいものでしょう。しかしそれを包み隠さずさらけ出しているところに、社員が吉越さんを信頼する理由の一つがあるような気がしたのです。

また、その会議では、ある百貨店から無断で返品が来たことが報告されていました。そして社員からは、百貨店の社長に対して吉越さんから意見をしてほしいという要望が出たのです。もちろん正しい要望ではありますが、吉越さんにとってはやりづらい提案だったのではないでしょうか。

しかし、全員の前で意見を出すように促しているのですから、正しいことならばいくら気まずくても逃げずにやると決めているのでしょう。それにもすぐさまデッドラインがつけられていました。

おそらくトリンプの社員の方たちは、吉越さんの「そこまでやってくれる」姿を見て、仕事に対する姿勢を学んでいくのではないでしょうか。


リーダーがありのままの姿を見せ、弱みまで見せていると、懐の深いマネジメントができるようになります。リーダーが弱みを見せると、部下ががんばってくれます。

「リーダーもなかなか大変なようだ。少しは助けてあげないとな」

親近感がわくリーダーに対しては、部下も、そんな気持ちになってくれるのかもしれません。

部下の「仕事」を「作業」にしないためにできること

リーダーが部下に仕事を任せるとき、最初に目的を示すかどうかで、それが仕事に

なるか、作業になるかが決まります。

たとえば、コピーを部下に任せるときは、「何のためにコピーするのか」を、きちんと上司が示しておく必要があります。

それを伝えなければ、部下は何も考えずに渡された資料をそのままコピーしてもってくるだけです。それでは、ただコピーをとるという作業をしたにすぎません。

「午後の会議で使うから人数分コピーしておいて」

こう目的を示しておけば、いつまでに、どんなコピーが何人分必要なのかを部下は考えます。「社内の会議用だから、両面コピーで枚数が少ないほうがいい」とか、「裏紙を使ってもいいはずだ」などの工夫も、考えるようになります。

「二時に来るお客さま用だから」

こう言われれば、「グラフをわかりやすくしたほうがいいから、カラーコピーにする必要があるな」「きちんとそろえて綴《と》じなきゃ」といったことを考える必要があるでしょう。

「仕事の目的を自分で考えさせることで、部下は成長する」

こう考えるリーダーもいるかもしれません。しかし、私はこれには反対です。

なぜなら、**単純な一つひとつの仕事の目的を、わざわざ部下に考えさせるのは時間のムダ**だからです。仕事の幹となるような大事なことや、その仕事の本質が何かといったことは部下に考えさせる必要がありますが、何でもかんでも考えさせていては仕事になりません。

仕事においては効率も大事です。ですから、最初に目的を伝え、目的を知ることで「作業」ではなく「仕事」としておこなってもらう。そうすることで、最短でいい仕事をしてもらうことのほうが大事だと思うのです。

無印良品のマニュアルであるＭＵＪＩＧＲＡＭ《ムジグラム》にも、最初に目的が書いてあります。たとえば、衣類には「おたたみ」という仕事があります。お客さまが衣類を広げて見たり、試着されたりしたあと、売り場に戻ってきた商品をたたんで直す仕事のことです。

この仕事には終わりがありません。閉店後などは、売り場をきれいにするために、ひたすらおたたみをすることになります。おたたみは、「作業」と思いながらやると結構しんどい、つらいものなのです。

では、おたたみの目的は何かというと、「お客さまが見やすく、手に取りやすく、試着しやすくして、買ってもらうのに便利な状況をつくること」です。お客さまの利便性を高めるための業務なのだという目的がわかると、担当者は「この仕事を何のためにやるのか」がわかり、やらされる作業から、自発的にやる仕事に変わるというわけです。

実は、ＭＵＪＩＧＲＡＭにも、当初は仕事の目的が書かれていませんでした。しかし、「何のためにやるのか目的が書かれているほうがいい」という声が現場であがり、目的を書くようになったのです。

もし、あなたの上司が目的を示してくれなかったら、遠慮せずに「この仕事の目的は何ですか？」と聞きましょう。多くのリーダーは、目的を語ってくれるはずです。

逆に、あなたがリーダーなら、仕事を部下の「作業」にしないためにも、部下の創意工夫を促すためにも、仕事を任せるときには部下に必ずその目的を示すようにしましょう。

リーダーは、部下に仕事の目的を語り、ある程度の自由裁量を与え、自分で判断させて、その結果を確認します。これこそが、仕事を作業にしないで仕事を任せるということなのです。

「いきなり業績を上げるマネージャー」には気をつけなさい

リーダーが代わって、いきなり大きな業績を上げるチームや店舗ができる。

これは一見喜ばしいことのようですが、実は私はこれを「危険信号」ととらえ、できるだけ注意して見るようにしています。

たとえば、百貨店で宝石キャンペーンや着物キャンペーンをやると、驚くほど高い成績をあげる店長が現れることがあるそうです。見たこともない数字なので、どうやったのかを聞いてみると、特に「これ」といった工夫もしていません。

おかしいと思って調べてみると、目標を達成できなかった社員にクレジットカードで商品を買わせていたことがわかるのです。脅迫的に買わせていることもあれば、自発的に買うように、心理的に導いていることもあります。

これは極端な例ですが、短期的に一気に業績を上げるリーダーは、自分の命令に従わない社員に無理難題をふっかけたり、嫌がらせをして辞めさせたりして、自分の言うことを聞く手下だけで店のオペレーションをおこなおうとする「独裁者タイプ」であることが多いのです。

強制力を働かせる強いマネジメントがおこなわれている組織では、短期的な業績は上がっていきますが、同時に離職率も上がっていきます。

しかしやっかいなことに、部下に対して強いマネジメントをおこなう人は、上司に対しては下手に出ます。ブロック店長やエリアマネージャーが巡回に来たとしても、うまく丸め込んでしまい、なかなかその強すぎるマネジメントが発覚しないのです。

こういうことを回避するために、無印良品では、「組織サーベイ」を年に二回おこなっています。これは、店で働くアルバイトやパート社員に質問用紙を配り、「あなたの店では店長が朝会で連絡事項を伝えていますか」などの質問に五段階で答えてもらうものです。

これは、店長を経由して提出するようにすると、本当のことを書けない可能性があります。ですから、調査会社に直接送られる仕組みにしています。

これは、現場の実態を正しくつかむための「仕組み」です。監査室や、ブロック店長やエリアマネージャーも店を巡回していますが、こうした人たちが、アルバイトやパート社員から問題を聞き出そうとしてもうまくいきません。余計なことを言うと自分が辞めさせられるかもしれないという警戒心がありますから、本音を話してくれるとは限らない。

だから、組織サーベイでしか異常値を発見できないということがあるのです。**物事**

は、反対から見たり、横から見たりしないと、正確な姿は見えないものなのです。

強制力を働かせる強いマネジメントというのは、短期的には効果があり、利益も生みますが、長期的には組織を疲弊させることになります。

いくら短期的に利益を上げてくれても、それは本質的な利益にはなりえません。「まあ、今のうちはいいか」と見逃していれば、組織全体が崩れる危機にもなりかねません。そのくらい大きな問題と考え、組織サーベイで、強いマネジメントがおこなわれている兆候を早め早めに発見して、排除していくようにしているのです。

スポーツでも、精神論でスパルタ式に厳しい練習をおこなったところでチームは強くなりません。一時、体罰が問題になりましたが、体罰を与えてチームが強くなるのなら、こんな簡単なことはありません。

もし短期的に成績が上がったとしても、選手はどんどん疲弊していきますから長続きしません。長い目で見れば、絶対に損なのです。

人間心理や運動理論を研究し、合理的なトレーニングをおこなわなければ、一流のスポーツ選手や一流のチームは育たない。これが世界共通の認識でしょう。

会社という組織、チーム、個人もまったく同じだと思います。一流になるためには、合理的なトレーニングを根気強く毎日続けるしかないのです。

勝てるチームをつくるために必要な、二つのポイント

私は、リーダーとして「勝てるチーム」をつくるためには、次の二つが重要であると考えています。

【1】先が読める

【2】本質が見える

二番めの「本質が見える」ことがいかに仕事をおこなううえで大切か、本質が見えるようになるにはどのように考えればいいのかなどについては第一章で述べましたのでここでは述べませんが、もちろんこれはリーダーにとっても大事なことです。

それでは、一番めにあげた「先が読める」とはどういうことでしょうか。

現在は、変化の激しい時代ですから、五年先、一〇年先といった先を読むのは容易なことではありません。しかし、それが読める人はいるものです。

たとえば、良品計画の社外取締役をしていただいていた、しまむらの藤原秀次郎元会長は、ある日の役員会で次のようにおっしゃっていました。

「これからは昨年比が落ちていく時代なんだ」

流通業の会社はどこも、既存店の売上が昨年比一〇〇パーセントを上回るかどうかに苦心しています。しかし、自社の店舗数も、ライバル企業の競合店も増えていくと、爆発的なヒット商品が出ない限り、既存店は昨年比を上回ることができなくなります。

それは、自社とライバル会社の既存店の売上金額の推移を数年間さかのぼって見れば、誰の目にも明らかなことです。

大切なのは、ここでどう考えるかです。従来どおり、既存店の昨年比を上げるのは難しくなっていること、これから五年先はもっと難しくなることを考えると、何か別の手を打っていく必要があることに気づきます。

先の藤原さんの発言は、私にそれを教えてくれました。

「昨年比は必ず落ちていく」という前提で考えると、売上が増えない中でも利益を上げる仕組み、増益を続ける仕組みをつくるという、新しい課題が見えてきます。

そのためには、仕入れる商品の量やつくる量を増やしていたのをやめて追加生産をしないでどんどん売り切っていくような仕組みに変えるなど、やり方はいろいろ考えられますが、どんな手を打つにしても、会社を変えるのには数年かかります。早く手を打った企業から混迷を抜け出すことになるでしょう。

仕組みを変えつづけることを、私は「進化」と呼んでいます。そして、先が読めないと、この進化を進める方向がわからないのです。進化が止まれば、環境変化に対応できなくなり、死を待つしかありません。

したがって、企業のトップなど、組織のリーダーは常に先を読む意識が重要なのです。もし、自分は先が読めないと思ったら、先が読める人を探して、その人から聞くようにすることが大事です。

こうすれば先が読めるようになるという安直な方法は残念ながらありません。自分も先が読めるようになりたいという意識を強くもって、先が読める人の話に耳を傾けて自分を鍛えるしかないと思います。

反対する人を味方に変える方法

ＭＵＪＩＧＲＡＭを始めたとき、社内には反対する人たちがいました。そして、**私は実は「反対意見が出ること」を大事にしています**。

もし新しいことをやろうとするとき、何の反対意見も出てこないなら、それには二つの場合が考えられます。

一つは、全員が「これは正しい」と思っていることをする場合で、もう一つは、全員が「反対意見を言ってもしょうがない」と思っている場合です。

そして、どちらの場合も、その「新しいこと」はやるべきではないと断言できます。

全員が「これは正しい」と思うようなことは、新しいことでもなければ、大したことでもありません。わざわざ力を使ってやるほどのことではないのです。もっと別の案を考えたほうがうまくいく可能性が高いように思います。

また、全員が反対意見を言ってもしょうがないと思っているとき。これは、リーダーが独裁者のときに起こります。これでは、どんなに間違った方向に進んでいようとも「言ってもしょうがない、この人がやれと言っているんだから、仕事だからやるか」とばかりに、言われたことをこなすだけになってしまいます。しかも、その仕事が失敗したときには「ほら見たことか」と思われてしまうのです。

ですから、**反対意見が出てこないときには、リーダーは注意が必要**です。

新しいことを始めるときには、反対者が出るのが正常なのです。

では、リーダーは反対する人たちに、どう対処すればいいのでしょうか。

リーダーの中には、反対する人たちに「抵抗勢力」というレッテルを貼り、バッサバッサと切り捨てる人がいます。非常にかっこいいリーダーに見えますが、敵もたくさんつくりますから、かなり大きな後遺症が残ることを覚悟しなければなりません。

それでも新しいことをやり遂げて成果が出ればいいのですが、もし中途半端な結果に終わると、その組織なりチームは完全に崩壊してしまい、再起はほぼ不可能となるでしょう。

私は、反対する人たちに対してどう対処してきたか。

それは、**反対する人を、新しいことをやる担当者に任命する**ことです。そしてとにかく話をして、彼らの話をしっかりと聞く。なぜやるべきでないと考えるのか、何をいらないと思うのかを徹底的に聞き出します。くわしく聞いてみれば、反対する人の言うことには、自分の気がつかなかった新しい面が必ずあるものです。それを取り入れることで、さらによいものにしていくことができるのです。

ＭＵＪＩＧＲＡＭをつくったときも、反対する人に担当委員になってもらい、マニュアルを考える側にまわってもらいました。「マニュアルなんて役に立たない」と思っている人というのは、自分の仕事に一家言もっている人たちです。ですから、自分の主張ややり方が取り入れられていけば反対する気持ちも薄れてきて、いつしかＭＵＪＩＧＲＡＭを積極的に推進する味方になってくれるのです。

人の気持ちを変えるには、どうすればいいのか？

新しいことをやるとき、それがどんなに正しいことであっても、反対する人はいます。それは、新しいことそのものに反対しているというよりも、気持ちがついていかないからです。論理的に考えて反対しているというよりも、感情的に反対していることが多いのです。

ですから、どんなに正しいことであっても、正論で攻めてしまっては、相手を変えることはできません。正論を振りかざしてしまうと、組織やチームがギスギスしはじめ、うまくいくこともうまくいきません。

相手の感情を変えるために必要なのは、とにかく話を聞くことです。

当たり前のことかもしれませんが、「ちゃんと話を聞いてもらえた」と感じてもらえれば、相手の不満の半分くらいは消えるものだと思うのです。

極端に言えば、聞いた意見を反映させなくてもかまわないとさえ思っています。仮に何一つ反映されなかったとしても、聞くのと聞かないのとではまったく違うものだからです。

「部下の話を聞いて意見を取り入れると、負けたようで、なめられてしまうのではないか」と思う人もいるかもしれません。

でも、私に言わせれば、そんなところでは負けてしまえばいいのです。最終的に目的を達成して、そこで勝てばいいのです。

私は、**新しいことを始めて成果が出るまでは、組織やチームがギスギスしないことを何より大事にすべき**だと考えています。ギスギスしなければ、目標の方向にゆっくりでも進んでいくことができ、目的を達成することができるからです。

成果が出れば、納得感が高まり、反対する人は一気に少なくなります。だからこそ、成果が出るまでは、できるだけやわらかく事を進めることが大切なのです。

ギスギスするということは、どこかに無理があるということです。これを無視して押し切ろうとすると、目的に到達すること自体ができなくなってしまいます。

相手の話を聞いて意見を取り入れつつ、ギスギスすることなく、いつの間にか知らないうちに新しいやり方に変える。いわば、「負けて勝つ」やり方をとればいい。これが一番うまいやり方なのです。

リーダーというと、「俺が何とかする！」という強いリーダーシップを発揮するイメージをもっている人が多いものです。しかし実は、こういうタイプはリーダーとしてあまりうまくいきません。

「俺が何とかする」というタイプは、他人の意見に耳を傾けることがないからです。自分の意見を強く主張し、存在感をまわりに認めさせ、自分を売り込んでいきます。けれども、いくらリーダーといえども、チームプレイを忘れ、自分が目立つだけのスタンドプレイに走ると、チームの和は乱れ、一体感が失われてしまいます。

チームワークを大切にするためには、「部下の気持ちがわかる」リーダーになることが大切です。

部下の気持ちがわからなければ、良好なコミュニケーションをとることはできません。部下の話は、単に「聞く」のではなく、心の耳で「聴く」ようにします。**部下の**

本音を引き出すには、先にこちらが胸襟をひらいて、ざっくばらんに話をすることです。海に浮かんでいる氷山は、見えている部分はたった一割で、残りの九割は水中に隠れて見えません。人の本音も同じで、部下が考えている本心の部分は見えないものです。そのためには、こちらが水中、つまり心の中にまでしっかりと目を向けることが重要なのです。

部下の意見が正しいかどうかを見分ける小さなコツ

「部下の言葉をどれだけ信用し、どれだけ自分の考えを徹底するのか？」

これは、リーダーとなった人ならば必ず突き当たる壁でしょう。

自分が考え抜き、「これだ」と決めた方針ですから、やたらに変えてしまうのもよくないでしょう。けれども、上司とはいえ完璧ではないのですから、せっかくの部下の言葉をないがしろにして失敗してしまっては、みすみすチャンスを逃すことになってしまいます。

そんなとき私は、**「部下の遠慮がちな言葉は正しいと考える、部下が断言してくる言葉には気をつける」**と考えるようにしています。

リーダーの方針や意見に対して、部下が遠慮がちに進言してくることがあります。部下の表情や言い方を見ていると、リーダーの方針や意見に必ずしも納得していないけれども、自分の意見にも一〇〇パーセントの自信があるわけでもなさそうだ。

こんなときは、

「何、どうすればよさそうなの？　どうしたいの？」

と、部下の説明を促すようにします。

その説明をじっくりと聞いたうえで、

「わかった。じゃあ、それでやってみるか」

と答えて、部下の意見を取り入れて実際にやらせるようにします。このほうが、リーダーの方針や意見に納得しないままに仕事をしてもらう場合よりもよい結果になります。

遠慮がちに進言してくる部下がいる一方で、数は多くありませんが、自信満々の態度で「絶対にこうしたほうがいいです」と正面から断言してくる部下もいます。

こんなとき、**自信満々の部下には注意が必要です**。なぜなら、「絶対にこうしたい」と言ってくる部下は、自分の得た情報をもとに自分で判断を下しているからです。自信があるだけに視野が狭くなりがちで、間違ってしまう可能性が高いのです。

遠慮がちに進言してくる部下は、自分で判断を下すことができず、迷いがあります。そのぶん、情報も幅広く集めますし、いろいろな選択肢を考えます。それゆえに決断ができずに、遠慮がちな態度や言い方になるわけですが、実はこちらのほうが、より正解に近づくことができていると言えるのです。

したがって、遠慮がちに進言してくる部下の話には真摯に耳を傾け、その部下の言うとおりやらせることが多くなり、自信満々の部下の話は眉に唾をつけて聞き、判断の誤りを指摘することが多くなると言えるのです。

「即断即決」するために、いつもやっておくべきこと

リーダーには、部下の進言や相談に対して判断を下す、〝決める〟という大事な仕事があります。部下がリーダーに相談に来るのは、判断して決めてほしいからです。リーダーが判断を間違うと、チームや組織全体が間違いますから、リーダーの決断には大きな責任がともないます。

また、部長の決断は、その後、課長、係長、社員へと伝達されますから、決断が遅くなればなるほど、実行が遅れることになります。だから会社のトップである社長は、「即断即決」が求められるのです。

私も社長時代は、どんな案件であっても三分で決断していました。

社長であれば、会社にとって大事なことは常に考えているものです。刻一刻と変化

するビジネス環境の中で、さまざまなことを想定し、「もしそうなったらどうするか」を幅広く考えつづけていれば、ほとんどの案件は想定内。三分で決断することは可能だと思うのです。

部長ならば自分の部内、課長ならば自分の課内、どんな小さなチームでも、リーダーであれば、チームの仕事についてすぐに判断できるくらい、常に考えておくことが大事になるでしょう。

それでも、一〇件に一件、一割くらいは、想定外の案件が持ち込まれてくることがあります。意表を突かれた案件であっても、一晩考えて、翌朝には決めるようにしていました。一晩考えれば、結論は出ます。何日考えても、それ以上によい結論が出ることはありません。

ただし、「判断に迷うこと」もあるでしょう。たとえば、物事を判断するとき、YESとNOが七〇：三〇なら、誰しもYESと判断するでしょう。ところが、これが五一：四九だった場合、判断は簡単ではありません。

こんなときに、**一番やってはいけないのは、判断を先延ばしすること**です。

「今はちょっと判断がつかないから、もう少し調べて判断材料を探そう。あと何日か様子を見よう」

これだけは絶対にやってはいけません。これは単なる時間泥棒で、即断即決とは真逆の行為です。

リーダーがどちらかに決めれば、チームはそれをもとに実行することができます。早く実行すれば、そのぶん早く正解だったか、間違いだったかがわかります。もしリーダーの判断が間違いだとわかったとしても、そこから修正していけば正解にたどり着くことができます。だから、リーダーは、先延ばしするくらいなら、どちらがいいか判断がつかなくても、どちらかに決めたほうがいいのです。

リーダーが判断を先延ばしして様子見していたチームと、早く決めてトライ&エラーをしたチーム。どちらが先に成果を出すことができるでしょうか。私は、先延ばししたチームよりも、早く決めてトライ&エラーをしたチームのほうが勝率が高くなると考えています。

チームを強くするのは、「レギュラーになれない人」である

私は学生時代に、チームスポーツであるバレーボールをやっていました。キャプテンではありませんでしたが、チームがどうしたら強くなるかということは、このころからよく考えていました。

バレーボール部といっても、いろいろなメンバーがいました。スポーツですから、勝つことが目的にはなりますが、勝つことを最優先するメンバーもいれば、楽しめたほうがいいと考えるメンバーもいました。スピード感あふれるバレーをするか、粘って粘って粘り抜くバレーをするか、そんな価値観の違いもありました。

もちろん、体格や身体能力は人それぞれですから、不動のレギュラーになる人もいれば、公式戦に出ることができないメンバーもいます。スコアラーやマネージャーと

いった、プレイヤー以外の人たちもチームメンバーです。

こうしたチームの中で、どうすれば人と深くつきあえるのか、本音が言える関係、お互い信頼できる関係はどうすればつくれるのかを、頭ではなく体で、まさに体得したのだと思います。


チームが強くなるためには、レギュラーメンバーの技術が上がればいいかというと、そんなに単純ではありません。**チームがギスギスしたときに潤滑油になる人や、レギュラーにはなれそうもないのに一生懸命練習する人、気が緩んでいるメンバーに厳しいことを言える人がいてくれることも、レギュラーメンバーの技術と同じくらい大事なこと**なのです。

チームにはいろいろな役割があり、多種多様な個性の人がいるチームのほうが、長い目で見れば強くなります。

これは経営も同じです。会社の中にも、先が見える人、好奇心がある人、考えるのが好きな人、動くのが速い人など、さまざまな人がいます。そうした人たちの個性をうまく組み合わせて、城の石垣のような強固な土台をつくれると組織は強くなります。

チームは、平凡な人を集めてつくりなさい

多くのリーダーは、優秀な人ばかりを集めたチームをつくろうと考えます。

けれども、振り返ってみると、結果を出しているチームというのは、必ずしも優秀な人ばかりが集まっているわけではないと思うのです。

個々がどんなに優れていても、同じ一つのベクトルに向かっていなければ、右に進む人と左に進む人で打ち消し合い、チーム力は高まりません。しかし、優秀な人というのはえてして我が強いもの。まとめるのが大変になってしまうのです。

野球で、各チームの四番打者ばかり集めてきても、そのチームが強くならないのと同じです。

リーダーに求められるのは、平凡なメンバーでちょっと非凡な結果を出すことです。

平凡なメンバーで、平凡な結果を出すのは普通のリーダーです。また、平凡なメンバーで、ものすごい結果を出そうとするリーダーもいますが、それは狙ってできることというよりは、時の運などにも左右されるかもしれません。

そこで、平凡なメンバーで、ちょっと非凡な結果を出すことを目指すのがよいと思うのです。

ライバル企業と比べて少しよい結果を出す、期待値を少し超えた数字をつくり出す。

こういった少し非凡な結果をいつも出すことができれば、上司は評価してくれ、信頼してくれるようになりますし、部下も信頼してついてきてくれるようになりますし、企業としての筋力もついてくるようになる、そう考えているのです。

上司より部下を大切にしたほうがいい理由

リーダーとなり、中間管理職となったとき、必ず経験するのが「板挟み」です。上司となった自分にも上司がいて、部下と一緒に仕事をする中で、部下と上司の板挟みになることが多くあるでしょう。

多くの場合、板挟みになると、人は上司を大事にします。「上司が言っているのだから、仕方ない」「上司の決めたことだから、ガマンしてほしい」などと言って、部下にガマンをさせてしまいます。

けれども、西友の人事部時代に、社内勉強会の講師としてお呼びしたいろいろな先生方が口をそろえて言っていたことを、私はずっと忘れられずにいるのです。それは、

「上司は間もなくいなくなるけど、部下はずっとあなたを支えてくれる。大事にすべきなのは、上司ではなく部下だ」

ということです。今は上司のことばかりが気になるかもしれませんが、長い目で見た場合、会社人生においては、上司よりも部下とのつきあいのほうが長くなるものです。自分が課長や部長になったときに支えてくれるのは、他でもない部下なのです。

部下に対して感謝できる人は、部下からの協力が得られます。「部下なんだからこれぐらいやって当たり前だ」などと思っているリーダーには部下はついていきません。

もちろん、上司からも、部下からも信頼されるのが一番いいことは言うまでもありません。しかし現実には、上司と部下の板挟みになることもあります。そうしたときに、上司の肩をもつのか、部下の援護に回るのかを迫られたら、部下の側に回ったほうがいいということは、知っておいて損はないと思います。

そしてもう一つ、私がいつも心に留めているのは、**「背中でウソはつけない」**ということです。

部下は上司の背中を見て育つとよく言います。しかしこれはとても怖いことです。

なぜなら、**顔を見せている上司に対しては、ウソやおべっかが通用しやすいかもしれ**

ませんが、背中を見せている部下には、そのウソが通用しないからです。

上司にはニコニコいい顔をしても、部下には、行動で示すほかありません。だからこそ、部下に接するときには心して当たらなければいけないと思うのです。

優秀な社員の見分け方

私が、〝信頼の土台〟を失わないように、「仕事をやり遂げること」「チームワーク」「素直・正直・公平」「行動力・実行力」の四つの危機管理をおこなってきたことは第一章で述べました。そして、部下を見る立場になったときも、この四つを見て評価するようにしているのです。

この中でも一番大事だと考えているのが、仕事を完遂する能力です。

仕事の目的を話し、いつまでに、どれくらいのレベルまで目的を達成してほしいかを明確に部下に伝えて任せます。その仕事を、期日までに、リーダーの希望どおりのレベルでやり遂げてくれる部下は優秀な部下です。

裏を返せば、いつまでたっても任せた仕事に手をつけず、行動してくれない、実行してくれない部下というのが一番の困り者です。実は、ビジネスパーソンとしては、**能力よりも、実行力のほうがはるかに大事**だからです。

行動力・実行力がなければ、仕事を完遂することは絶対にできません。しかし、行動力・実行力があれば、やり方が少々間違っていたり、遠回りをしていたりしても、それを指摘して直すこともできますし、見守ってそれに自分で気づかせることもできます。行動して実行している部下は、いくら失敗したとしても、経験を積むことで少しずつ優秀な社員へと育っていきますから、あまり心配はいりません。

失敗ばかりの部下よりも、失敗を恐れて行動をしない部下のほうが、実は心配するべきところが多いものなのです。

大事な仕事は、この四つを兼ね備えている部下に任せるようにしています。チームをまとめるリーダーになれるかどうかも、この四つを見ればわかるものです。

第三章

「実行する」組織をつくる方法

実行の先にしか、進化はない

私の経営改革は、「進化と実行」を掲げてスタートしました。

私が考える「進化」とは、会社として収益を上げるために何ができるかを考え、実行しつづけるということです。販売する仕組みを考え、実行しつづけ、もしも不備があれば変えつづける。もちろん、商品開発の仕組みも、社風も同じです。実行し、必要があれば変えつづける。こういうことを「進化」と呼ぶと決めています。

無印良品では、組織の実行力を高めるために、MUJIGRAM《ムジグラム》というマニュアルをつくりました。

MUJIGRAMづくりを始めたとき、社員の多くは反対していました。「マニュアルなんてつくっても、仕事の能率は上がらない」と考えていた人も多かったかもしれません。

一般的に考えれば、確かにマニュアルは役立たないものである面は否定できません。「マニュアル」という言葉にマイナスイメージがついていたのも事実です。

しかし、一人ひとりがわざわざ一から学び直し、まったく違う仕事のやり方をしていたのでは、いつまでたっても組織の力は上がりません。ですから、全員が一定の仕事を必ずできるようにするための、「使うためのマニュアル」「生きたマニュアル」であるＭＵＪＩＧＲＡＭをつくろうと決めたのです。


ベテランでも新入社員でも、誰もが一定の仕事をできるようにすることの重要さに気づいたのは、一九九四年九月、髙島屋の柏《かしわ》ステーションモールに出店したときでした。そのころ私は無印良品事業部長だったため、オープンの前日は新店の売り場づくりの点検に行きました。

夕方六時ごろ、開店するための売り場がだいたいできあがったころのことです。他店のベテランの店長が応援に駆けつけてくれたのですが、彼は店舗に着くやいなや

「これじゃダメだ。ここは、こうしたほうがいい」と言って、レイアウトやディスプレイを直しはじめました。売り場のほとんどを彼のアドバイスどおりに変えて、全員がへとへとになったときのことです。

また別のベテラン店長がやってきて、「これじゃダメだ」と売り場を直しはじめたのです。議論は白熱し、結局、夕方には一度終わっていたはずの準備は、夜中の一二時になっても終わりませんでした。

当時の無印良品の店は、自分が教えられたやり方や自分の経験上の「ベスト」がみな違うため、一〇〇人店長がいると一〇〇通りの店ができる「経験主義」の店だったのです。特に、関東と関西では、茶道で言うところの表千家と裏千家のようにやり方が違っていました。

これでは、組織全体の力は上がっていきません。絶対に仕事のやり方を統一すると決め、マニュアルづくりを始めたのです。

マニュアルＭＵＪＩＧＲＡＭでは、たとえば朝礼のやり方、服のたたみ方、商品の陳列の仕方、ディスプレイの仕方まで、事細かい仕事のやり方が書いてあります。これをもとに仕事をすれば、誰でも同じような店舗づくりができるようになっています。これを徹底することで、**従業員が試行錯誤するムダをなくし、誰でも一定の仕事ができるようにしていった**のです。

しかし、マニュアルをつくって各店舗に置いてみると、店から「使いにくい」という意見が多く寄せられました。そこで今度は、店で使いやすいように、店舗発でマニュアルをすべて書き替えていったのです。

こうしてようやくできあがったＭＵＪＩＧＲＡＭですが、半年、一年と経過すると、やり方が変わる仕事が出てきたり、新しい仕事が生まれてきたりします。もし、仕事が変わるのにマニュアルが変わらなければどうなるでしょう？　そうです。誰もマニュアルを使わなくなります。

ここでやめてしまえば、元の木阿弥《もくあみ》となり、またお店は「経験主義」に戻ってしまいます。あきらめずに成果が出るまでやりつづけなくてはなりません。

マニュアルはつくって終わりではなく、変更を加えていかなければならないということはわかりましたが、どう変更すればいいのかがわかりません。試行錯誤してみたものの、どうもうまくはいきませんでした。

そんなとき、ある会社でマニュアルの変更がうまくいっているという情報を耳にして、マニュアル変更の勉強に行きました。

その会社では、人事の仕事に関する改善提案であれば、人事担当役員がマニュアルの変更が必要かどうかを判断し、どう変更するかまで決めていました。マニュアルの変更を、各部門の担当役員の仕事にしていたのです。

担当役員がすべての改善提案を判断することで、どのような提案がこれまでにおこなわれ、どう判断したかが担当役員の頭の中に蓄積されていきます。つまり、人間の記憶でマニュアルの変更を管理していました。

「これはすごい！」ということになり、私たちも担当役員が改善提案をすべて読み、マニュアルを変更するかどうかを判断し、変更する場合はどう変更するかまで決めました。今はデータベースで管理していますが、最初は人力で管理していたのです。

せっかくMUJIGRAMにベストなやり方が書かれていたとしても、それが店舗で実行されなければ成果は出ません。MUJIGRAMに書かれたことが一〇〇パーセント実行されてはじめて成果が出るのです。

ですから、**実行できないのであれば、進化させて変えていく必要があります**。一度つくっただけで満足するのではなく、組織が進化するにつれて、仕組みも変えていくべきなのです。

実行力を上げる「デッドライン」仕事術

良品計画では、毎週月曜日の一〇時から営業会議があります。社長以下、幹部がそろうこの会議の場では、「やるかやらないか」の決裁、そしていつまでにやるのかという「デッドライン」が決められます。

たとえばある店で、お子さんが展示用の器材の角に頭をぶつけてケガをしたという報告があったとします。そのままにしておくと、他のお店で同じような事故が起こってしまう可能性があるので、緊急対策として、角に緩衝材をつけることを決めます。

ここで大事なのは「いつまでに完了するか」というデッドラインを決めることです。この会議の場ですぐに、「今週、緩衝材を各店舗に送れば、来週中に届きます。すぐつけられますので来週末までに全店で装着が完了するようにします」というように、「完了する日時」を明確にし、完了したかどうかを営業会議で報告してもらう日時を設定します。

会議において、実行することが決まったことは、必ずデッドラインを決めて管理します。パソコン上で「対応待ち」とさせておき、実行されたら「何月何日実行済み」と表示するようにしておくのです。

すると、すべての問題に解決策と対応の締め切りが決まり、期日までに一〇〇パーセント実行することができます。

会議の本質とは何でしょうか？　それは、「何をいつまでに実行するか」を決めて、組織の実行力を上げることだと思っています。

そのためには、「何を実行するか」を決めるだけでは不十分です。「いつまでに」というデッドラインを必ず決めることで、必ず実行するチームをつくることができます。

なぜ、「常に新しいことをやってはいけない」のか

私は、**「一度始めたことは、成果が出るまでやめてはいけない」**と思っています。

企業は、成果を一つひとつ出すことで一歩一歩前に進むことができます。

途中であきらめたことは「失敗」として、会社の歴史に残ります。失敗に終わらせないためには、成果が出るまでやめない、成功するまであきらめないという方法しか

ありません。

そのために重要なのは、最初に何をやり、何をやらないかを決めることです。本質的でないこと、いくらがんばっても結果が出ないことを始めてしまうと、いつまでたっても努力が報われない結果になってしまうからです。

最初から完璧なやり方があるわけではなく、自分たちでつくりあげて、成果が出るまで頑固にやりつづけなければ成果は出ないのです。

ただし、成果がすぐに目に見えて出ることはまずありません。大した成果が出ない中で、さらに自分たちなりの工夫をしたり改善をしたりしなければ、成功にはつながりません。とにかく成果が出るまでやりつづけられるか、途中であきらめてしまうか、ここが生死の分かれ目です。


多くの企業が苦労しているのがまさにここで、新しいことを始めたはいいが成果が出ないときに、どこまで歯を食いしばってやりつづけられるかで勝負が決まります。やり切らない限り、成果が出ることは一〇〇パーセントないのです。

実は無印良品でも、結果が出ずに苦しんだ事業があります。それは、現在は中国を筆頭に三〇一店舗を出店して大きな利益をあげている海外店舗の事業です。初めて出店してから一一年間ものあいだ、ずっと赤字が続いていました。

私が社長になったときも、「海外事業からは撤退したほうがいいのではないか」という声が聞こえてきました。しかし、ここでやめてしまえば、二度と無印は海外に出店できなくなるかもしれません。さらに、これまで投資しつづけたものもムダになってしまいます。

なんとか、「やめる」のではなく、「V字回復させる」方法はないものか……。社長になるまでは海外事業について真剣に考えたことはありませんでしたから、ここで初めて、鼻血が出るほど深く考えました。

考えたのは、次の二点です。

「なぜ赤字なのか?」

「何が理由でうまくいかないのか」

たとえば、イギリスのロンドンの店がうまくいっていないのは、どうやら家賃が高いために、売上が下がると赤字になる構造があるからだということがわかりました。お店をもったときのおおよその出費は、お店の家賃、店員の人件費、お店にものを運ぶための物流費、広告費、そして袋などの消耗品代があります。

そのうち、人件費や物流費であれば、自社努力で下げることもできますが、家賃というのはその土地やビルの相場で決まっていますから、いきなり「家賃を下げてくれ」と言って簡単に下がるものではありません。それでも、どうにかして家賃を下げたい。

そこで、どうすれば下げられるかを考えたのです。

数字を見てみると、ビルとの契約時に仲介業者がいることに気づきました。そこで、この仲介業者を通さずに直接契約するようにすれば、家賃を下げられるのではないかという仮説が浮かびます。

この仮説をもとに、二〇〇四年、イタリアに初出店するときには、出店の仕方を抜本的に変えました。まず、移転先となりうる物件を自分たちで探し、一〇候補ほど見つけ、さまざまな条件を比較して三つに絞りました。

はじめから一番条件のいい一つに絞ってしまうと、相手と交渉ができませんから、三つにしておくのです。「三つに絞って検討しています」と言えば、相手も「自分たちの物件と契約してほしい」と思いますから、交渉によって条件を少しずつよくすることができます。

また、「ちょっと難あり物件」を探すといいということに気づきました。たとえば、イタリアの一号店は、一階は狭いが二階が広い。二号店も一階は狭いけれど、こちらは地下が広い。このような、ちょっと難ありだけれども、売上に対する家賃比率が一〇パーセント以内になる物件を探し出して店舗をつくると、一年で黒字になることがわかってきたのです。

黒字にすることができれば、次の出店もできます。トリノに出店して黒字化し、ローマ、ボローニャ、ベニスへと出店していきました。そうすると、「ＭＵＪＩ」というブランドをイタリアで少しずつ浸透させることができるのです。

現在、海外事業は大きく伸びていますが、これは成功するまでやめずにやりつづけてきたからこそです。

もちろん、失敗することもあります。けれども、失敗したら失敗の理由を考え、次の手を打つ。失敗しても、失敗しても、成功できると信じて成功するまで続けるしかないのです。

成功する人が絶対に言わない言葉

成功するまで実行しつづけられる人がいる一方、途中であきらめてしまう人もいます。その違いはどこから生まれてくるのでしょうか。

何か新しいプロジェクトをおこなうとき、誰をプロジェクトリーダーにするかを考えます。そしてこのとき、「この人ならこのプロジェクトをやり遂げてくれるだろう」という人と、「この人だとちょっと難しいかもしれない」という人はすぐにわかります。

その違いは、いったいどこにあるのでしょうか。

プロジェクトとして仕事を進めるときは、組織を横断して仕事をすることになります。社内の別部署はもちろん、社外の人や受注先の人も巻き込んで、多くの人に協力してもらわなければ、仕事は前に進んでいきません。

多くの人を巻き込むためには、自分から主体的に動く必要があります。しかし、主体的に動いて電話をかけたり、直接足を運んで話をしたりしても、すぐには協力を得られないかもしれません。

それでも協力が得られる人というのは、**あきらめずに何度も足を運んだり、ときには担当者の上司にお願いしたり、自分の上司から話を通してもらったり……とにかく、最後まで仕事に責任感をもって当たれる人。**仕事を成し遂げることができるのは、そんな人です。

これとまったく逆なのが、「権限がないので、その仕事はできませんでした」と言う人です。こういう人は、権限さえあれば仕事ができると思っているのかもしれませんが、この言葉を使っている限り、仕事を成し遂げることはできないでしょう。

権限というのはポストが上がれば与えられます。つまり、ポストが上がれば難しい仕事もできますと言っているわけですが、それははたして本当でしょうか。

「お金がないので」「人がいないので」「時間がないので」……。

権限を与えても、おそらくこうした言い訳が変わるだけで結果は同じでしょう。すべての条件がそろえばできるという発想は、他力本願の発想です。そして、他力本願で物事が成就することは一〇〇パーセントありません。

権限がない若い社員であっても、仕事をやり遂げる人はいます。

たとえば、プロジェクトリーダーであっても、大した権限が与えられていないことは多くあります。それでもプロジェクトの目的を達成できるのは、リーダーに「プロジェクトを何としても成し遂げる」という強い責任感があるからではないでしょうか。責任感をもって仕事をおこない、成果を出し、業績を上げることでポストが上がります。つまり、**権限は与えられるものではなく、自らが勝ち取るもの**なのです。

では、どうしたら責任感を身につけることができるのでしょうか。それには二つの方法があると思っています。

一つめは、ポストが上がるごとに、それに見合った責任感を身につけていく方法です。係長になれば、係長が解決すべき課題が与えられます。それをどうやって解決しようかと真剣に向き合い、何とか一つずつ解決していくことで、一段高い責任感が身につきます。

二つめの方法は、**いろいろな問題を自分の問題として引きつけて考えて、行動する訓練をする**ことです。たとえば、隣の席の先輩や上司が取り組んでいる問題を、自分の課題として自分の頭で「自分だったらどうやって解決するか」と考えて、実際に行動してみることです。

これをくり返すことで、他力本願の発想から脱して、「自力で何とかする」という発想と行動に変われば、次第に責任感が高まってきます。

課長、部長……とポストが上がるごとに課題は難しくなりますから、それらの課題を解決することで、次第に高い責任感を身につけることができるのです。

「デッドポイント」を越えると人は強くなる

また、実行しつづける粘り強さを身につけるためには、「デッドポイント」を経験することも大切です。

私は中学・高校時代、バレーボール部に所属していました。静岡県大会で優勝を争うようないわゆる強豪校で、毎日の練習はハードなものでした。練習が終わるころには、まったく起き上がれなくなったこともあるほどです。

こうしたハードな練習を通して、何度か「デッドポイント」を経験しました。

デッドポイントとは、日本語にすると「死点」です。

たとえば、学生のころに体育の授業でやった長距離走を思い出してください。あまりの苦しさに「もうこれ以上は走れない、絶対にゴールできない。いっそのこと、車が来て轢《ひ》いてくれないかな」とまで思うときがあるのですが、それでも何とか走りつづけていると、呼吸がふっと楽になるポイントがあったと思うのです。これが、私の言う「デッドポイント」を乗り越えた瞬間です。

仕事とは関係のない分野であっても、こうしたデッドポイントを乗り越える経験をした人は、仕事で苦しくなったときでも、その先に楽になる瞬間があることを知っています。ですから、「最後のもうひと踏ん張り」ができるものだと思うのです。

「もう嫌だ、やめてしまいたい」と思うほど苦しいときには、「今、自分はデッドポイントを経験しているんだ。もう少しで楽になるはずだ」と考えてみてください。もうひと踏ん張りする力がわいてくるはずです。

責任感、ストレス耐性、デッドポイント……働く個人としては、難しい仕事をおこなううえで、こうした精神的な強さを養うことが必要になります。しかし、組織としては、個人の精神力ばかりをあてにしていてはいけません。

実行する組織をつくるためには、社員一人ひとりが、できるだけスムーズに難しい仕事を成功させられるようになる「仕組み」をつくることが重要です。それが組織全体の実行力となり、競争力となるからです。

組織の競争力を決定づける「鍵」とは？

私は、仕事には三段階あると考えています。一つめは、「誰でもできる仕事」。二つめは、「真似できる仕事」。そして最後が、「真似できない仕事」です。

いかに、「真似できない仕事」を増やせるか。これが、組織の競争力を決定づける

鍵となるのです。

たとえば、無印良品でタオルをつくったときのことです。タオルにもはやりすたりはありますが、そのときの売れ筋はやわらかいタオルでした。やわらかいタオルをつくるためにはどんな素材がよいかを調べてみると、インド綿でつくるとやわらかいタオルができることがわかりました。

また、タオル工場にも得意・不得意があります。同じインド綿を手に入れても、すべての工場でやわらかいタオルにできるとは限らないのです。ですから、ここで安心せず、インド綿を使ってやわらかいタオルをつくれる工場を見つける努力をする必要があります。

同時に、インド綿でつくったやわらかいタオルにふさわしい「染め」の技術がないかを調べていきました。すると、タイやフィリピンに、伝統的な草木染めの技術があることがわかったのです。日本に「藍染め」があるように、昔ながらの伝統技法は世界中にあるもので、私たちはそうした伝統技法が伝わる村に行き、草木染めを実際に見て、そこで染めてもらうことを決めました。

インド綿のタオルがやわらかくて売れそうだとわかったとき、インド綿のタオルを仕入れて売るのは「誰でもできる仕事」です。

インド綿を仕入れて、自分たちでやわらかいタオルをつくって売るのは「真似できる仕事」です。ここまでやると、競争相手は半分ぐらいになります。しかし、売れると真似をする企業も現れますので、競争力としてはまだ不十分だと言えます。

タイやフィリピンの伝統的な草木染めまでおこなうようにすると、競争相手はほぼいなくなる。ここで初めて「真似できない仕事」になります。

考えられる「よい商品」からさらに一歩踏み込んで、自分たちにしか大量につくれない商品にすると、真似する企業もいなくなる。すると、競争力は格段に高まっていくのです。

「真似できない仕事」が多ければ多いほど、勝ち残るための土台が積み上がっていきます。この土台をどれだけ強く、しっかりしたものにできるかで、企業の競争力は変わる。そう考えています。

「残業ゼロ」を達成した方法

良品計画では「残業ゼロ」を徹底しています。残業をすると仕事の効率は落ちますし、社員にも疲れがたまります。また、組織の多様性を実現する点からも、個人のワーク・ライフ・バランスを実現する点からも、残業はしないほうがいいことは明らかでしょう。

六時に会社を出れば、家族と過ごすことも、飲みに行くことも、学校に通うこともできます。何をするかは一人ひとりが自分で決めてくれればいいのです。

会社ではできない体験をすることで、会社の情報量が少しでも増え、人材の幅が少しでも広がればいい、社員一人ひとりに「六時までにすべての仕事をやり切ろう」という意識が芽生えてくれればいい、そんな思いがありました。

経営者から社員まで、「残業しないで仕事が終われば、それにこしたことはない」という意見に反対する人はいないでしょう。ですが、それでもなくならないのが残業というものです。

そこで、良品計画は「残業なし」を徹底する会社にしようと決めました。

そこで、必ず実行できるような「仕組み」を考えたのです。

まず、およそ一〇年ほど前に水曜日を「ノー残業デー」にしました。週一日だけなら、とりあえずできるだろうということです。これは、すぐにできました。

そして、半年後に金曜日も「ノー残業デー」にして週二日にし、翌年からはすべての平日を「ノー残業デー」として、基本的に、申請して認められた残業以外は禁止にするというスケジュールを組みました。

一年間かけて残業を大幅に削減することを目指したのです。

そうはいっても、ただ単に残業を禁止して仕事時間を減らしただけでは、残っている仕事を放り出して帰ってしまう人も出てきます。それでは、仕事の成果が減ってしまいます。

もしくは、帰ったふりをしてこっそり戻ってきてまた仕事をする人や、家に仕事を持ち帰る人も出てくるでしょう。次の日に仕事が持ち越しになり、徹夜をしなければならなくなる人もいるかもしれません。

これでは、「ノー残業デー」の意味がありません。「早く帰る」ということは、残業をして一日一〇時間働いていたのを八時間ですべて終わらせるということ。つまり、**仕事の効率を二割上げる努力をするということ**なのです。

残業を減らして、これまでと同等、いや、それ以上の成果を出す。これが「ノー残業デー」の本質的な目標です。

しかしこれは、**ガンバリズムの精神論を説いても実行できません**。多くの会社がただ「ノー残業デー」を決めるだけで機能していないのは、本質的に仕事を見直す体制がないからなのです。その体制をつくるため、会社として方針を決め、「必ずやる」と舵《かじ》を切らなければいけません。

最初に目指したのは、仕事そのものを一年かけて一割減らすことでした。仕事には、木の幹のような本質的な仕事もあれば、枝葉の仕事もあります。まずは仕事を見直して、枝葉の仕事を見つけ出し、やめることから始めました。

「自分がやっている仕事に、やらなくてもいい仕事などない」

社員は皆、こう考えていますから、自分で枝葉の仕事を剪定《せんてい》することはなかなかできません。ここではやはり上司が、「この仕事はやらなくていい」「これは優先順位が低いから時間があるときにやればいい」という判断をして、枝葉の仕事がどれなのかを部下に指摘していく必要がありました。

さらに、**部門ごとに、「五時以降に新しい指示はしない」「会議は一時間以内で終わらせる」などの残業を減らす工夫を五項目ずつあげてもらい、それらを確実に実行していった**のです。

六時を過ぎると、総務の担当者が社内を回り、残業申請をせずに残っている人は帰らせます。これを毎日おこなうことで、残業申請なしに残る人はいなくなりました。

まだ完全な「残業ゼロ」ではありませんが、月々の残業時間は確実にゼロに向かって減っています。ただ、気を抜けばすぐに増えてしまうでしょう。社員の行動は変わりましたが、「六時までにすべての仕事をやり切ろう」という意識が浸透したかといえば、まだまだだからです。

「残業が当たり前」から「残業はしないのが当たり前」へと会社の価値観を大きく転換するつもりで行動と意識を変えることが重要であり、それが徹底されていくことで、社風になっていくのだと思います。

書類が厚い企業ほど、実行力は弱くなる

資料や提案書など、企業には書類があふれています。しかし私は、書類が厚ければ厚いほど、その企業の実行力は弱まると考えています。

私の古巣である西友は「紙の文化」で、提案書は六〇ページぐらいあるのが普通でした。私もかつては、よく分厚い資料や提案書を書いていました。

しかし、こうした何十ページもある資料や提案書がその後の仕事に役立ったかというと、実はまったく役に立たなかったのです。

たとえば、年度の始まりに向けて「今年度はこれをやります」という六〇ページの「年度政策」を作成したとしましょう。これにはかなりの労力がかかります。

しかし、六〇ページもある書類の中身をすべて把握し、実行することはとてもできません。なぜなら、店舗の担当者には、それらを全部読んでいる暇はないからです。したがって、せっかくつくった書類はまったく読まれなくなり、各自のデスクの中で「死蔵」される状態になってしまうのです。

読まれないということは、実行されないということ。つまりこれは、何の政策も考えなかったのと同じ結果になるのです。

これが、書類が厚いほど実行力が弱まるカラクリです。厚い書類づくりは、何の成果も生まない、本質とはかけ離れた仕事だと言えるでしょう。

西友時代の反省をふまえ、無印良品では**「資料はＡ４一枚」**と決めました。

Ａ４一枚におさめるためには、本当に大事なこと以外は書くことができません。そうすると、必ずやらなければいけないことは何か、改革の幹となる部分は何か、仕事の本質は何かを考えるようになります。

たとえば年度政策を考えるとしても、特に重要なもの、必ず実行するべきもの三つほどに絞ることになります。

「施策が六つも七つも出てきたとしたら、それはまだ本気で考え抜かれていない証拠」、こう考えることで、枝葉を捨てて、本質に迫る仕事をすることができます。店舗の担当者もすべて読むことができますし、政策も実行に移しやすい。

六〇ページの資料をつくるよりも、Ａ４一枚にまとめるほうが、会社としての実行力ははるかに高まるのです。

会社の経営は、コミュニケーションの「量」と「スピード」で決まります。

コミュニケーションの量を増やそうと、いろいろなことを書くと書類は厚くなります。しかし、厚い書類になればなるほど読まなくなり、コミュニケーションの量は減ってしまいます。このことに気づいて、紙でとれるコミュニケーションの最大値を見極め、書類を減らした会社だけが、より早く確実に実行できる組織になるのです。

書類をたくさんつくっても、業績は上がらず、残業が増えるばかりです。書類を減らせば、わかりやすくなり、伝わりやすくなり、実行力が高まり、業績も上がり、残業も減る。これが、本質を考える仕事のやり方です。

大ヒット商品「ジャスミンティー」はトライ&エラーから生まれた

「お客さまのニーズを形にするために、マーケティングに力を入れる」という考えをもつ企業は多いものです。しかし私は、「マーケティングよりも、トライ&エラーの方がお客さまの声を聞ける」と考えています。

不思議なことですが、お客さまの声に耳を傾け、お客さまのニーズを探って商品を開発しても、それが売れるかどうかはわからないものです。「欲しい」という声に従って商品をつくったのにもかかわらず、それが売れなかったという経験を山ほどしてきているからです。

無印良品のヒット商品に、五〇〇ミリリットル入りのジャスミンティーがあります。実はこの商品は、最初はまったく期待されていませんでした。緑茶や烏龍茶《ウーロン》は他社からも出ているのである程度売れることは予測がつきますが、ジャスミンティーが売れるかどうかはわかりませんでした。「ジャスミンティーが欲しい」という明確なお客さまの声が多かったわけでもありません。

しかし、ダメならすぐ生産を中止すればいいという考えで、初回の生産量を少なめにして発売しました。ところが、出してみるとこれが烏龍茶と同じくらい売れる大ヒット商品となったのです。今では、定番商品になっています。

事前にどんなに考えても、わからないことはあります。わかろうとする努力は必要ですが、お客さまのニーズを完璧に理解できることはありません。新しい商品を出してみるしかないのです。

新規事業や商品開発など、新しいことをやるときには、「わからない」という前提で物事を進めていくことが大事だと考えています。

マーケティングよりもトライ&エラーのほうが大事であり、それを人としても、組織としても貯《た》めていき、次に活《い》かすことが成長につながります。

エラーをエラーで終わらせない仕組みをつくることも、成長には欠かせないのです。

強みを活かす学び方、価値を下げる学び方

二〇〇〇年に無印良品の業績が悪化したとき、市場を席巻していたのは、ファーストリテイリングのユニクロ、そしてニトリでした。徹底した低価格戦略と高い品質でお客さまの心をつかみ、どんどん売上を伸ばしていたのです。

そこで、二〇〇一年の秋物では、無印良品も価格を下げて勝負しました。しかし、原価を下げる努力をして低価格を実現したわけではなく、利益を減らすかたちで始めた低価格は、長続きしませんでした。

そして、価格を下げたにもかかわらず、商品はあまり売れなかったのです。

ここでわかったことは、**ライバル社が得意としている土俵で勝負しても勝ち目はまったくない**ということです。

さらに、自分たちのお客さまは、決して「安さ」ばかりを求めて無印良品に来てくださっているわけではないということもわかりました。

無印良品の哲学とも言える、「安心できる素材や品質のよい商品を、ほどよくリーズナブルな価格で提供すること」。私たちはここを追求していくことでしか、生き延びていく道はないということに気づいたのです。値下げをしたのに売れなかったという手痛い失敗でしたが、人の土俵で勝負するのではなく、自分の相撲《すもう》を磨き抜くことの大切さを、身をもって学ぶことができました。

そこで、商品開発の仕方を変えたり、自動発注システムを導入したりして仕組み化し、強みをさらに強くする方向へ進んだのです。

たとえば、人材の育て方についても、同じことが言えます。

ユニクロは中途採用でどんどん優秀な人を採用する方針ですが、これは会長の柳井正さんにカリスマ性があり、優秀な中途社員を活用する手腕があるからできることで、私たちにはできません。

私は離職率が低い会社がいい会社だと思っていますから、良品計画では中途採用をほぼおこなわず、その代わりに、新入社員を経営幹部にまで育てるために、ＭＵＪＩＧＲＡＭをつくり、人材委員会・人材育成委員会をつくることにしました。

また、社内の会話や会議を英語でおこなうことでグローバル化をはかる企業もあれば、良品計画のように課長全員に海外を経験させる企業もあります。

それぞれの企業には、それぞれの社風があり、伝統があり、歴史がありますから、同じ「グローバル化」を目標にしても、対応はそれぞれ分かれることになります。

他社から学ぶことはもちろん大事です。けれども、他社の真似をすることで、自社の価値を下げてしまっては何の意味もありません。明らかに価値観の違う企業よりも、価値観の近い、考え方が近い企業から学び、自社の強みをさらに活かせるようにしていくべきです。

やると決めたことを「やる」人になれ

私がこれまで良品計画でやってきたことを一言で言うならば、「やると決めたことは愚直にやりつづける」ことかもしれません。

とにかく、実行する。これを続けてきたのです。

マニュアルをつくって活用すると決めたら、活用できるようになるまで改良しつづける。六時に帰ると決めたら、そのための方法を考え、六時に帰りつづける。これができるかどうかで、組織の力は大きく変わるのです。

徹底できない組織は、何をやっても徹底できませんから、中途半端に終わります。当然、成果は出ず、競争を勝ち抜くことはできません。

一方、徹底できる組織は、徹底的にやり切ります。時間がかかったにしても成果が出ます。成果が出れば組織は一歩前に進めます。一歩一歩前に進むことで、市場の競争に勝ち抜くことができるようになります。

業績が悪くなったとき、多くの企業が戦略やマーケティングを変えることで問題を解決しようとします。ですが、それで業績がよくなることはまずありません。なぜなら、決めた戦略やマーケティングを徹底することができないからです。**あいさつを徹底できない企業に、新しい戦略やマーケティングが徹底できるでしょうか。**

お客さまを分析して対策を立てることも大切ですが、それよりも、自分たちの価値観や組織文化、社風を変えるほうが先です。そのほうが、結果的に企業の立て直しは速く進みます。

日本の高度経済成長期におこなわれてきたことも、これと同じではないでしょうか。整理整頓、清掃、あいさつなどを徹底できる企業が勝ち残りました。

商品が同じなら、やると決めたことを徹底できる企業が勝ちます。どんなにすばらしい戦略も、優れたマーケティングも、それを支える風土がなければ活かすことはできません。

良品計画では、ノー残業デーの徹底や、朝のあいさつ運動をおこなっていますが、これは一見すると精神論に近く、業績に直結するわけではないように思えます。

しかし、企業にとって本当に大切なのは、愚直に行動しつづけることで、価値観をも変えていくという組織文化であり、社風です。やると決めたことをやり抜く力があるか。日々、「実行する」筋力を鍛えられているか。これが、企業の強さの源泉となっていくのです。

多くの企業は、やると決めたことを徹底してやり切る風土がないために、何をやってもうまくいかないのではないでしょうか。

だからこそ私は、良品計画を「やると決めたことを社員一人ひとりがやり切る会社」にしようと決めたのです。

「やる」と決める。そしてやりつづける。

これが、覚悟を決めることです。

あなたは、あなたのチームは、組織は、会社は、「やる」と決めたことを「やりつづける」ことができるでしょうか。もしできないなら、どんな小さなことでもいい、あいさつでも、整理整頓でもいいので、誰にでもできることを「やる」と決めて徹底して実行してください。それだけが、人を変え、チームを変え、大きな組織を変える第一歩となります。やりつづけることで、会社、組織、チームの風土が少しずつ変わり、ひいては、それが競争力の源泉となっていく。私はそう信じています。

第四章

無印良品「V字回復の三年間」に何をしていたか？

社長一年目に実行した、八つのこと

私が良品計画の社長になったのは、二〇〇一年のことです。

良品計画は、それまでの一〇年間、増収増益の右肩上がりだったのですが、二〇〇〇年に急激に業績が悪くなりました。ブランドが弱体化し、売上が徐々に低下していたところに、急激な拡大政策をとったために、国内も海外も一挙に赤字店舗が増えていき、二〇〇一年二月期に大きな減益となります。当時の社長が辞表を提出し、専務だった私が社長を引き受けることになりました。

社長となり、経営方針を考えるにあたり、なぜあれだけ好調だった無印良品の業績が急激に悪くなったのかをまず考えてみました。

［1］無印はこれでいいんだという慢心があった

［2］大企業病が進んでいた
［3］短期的な政策ばかりとり、本質に迫っていなかった
［4］ブランドが弱体化し、コンセプトが希薄化していた
［5］拡大戦略を急ぎすぎた

こうした状況を打破するために、二〇〇一年におこなったのが次の八つのことです。

［1］経営陣を強化する
［2］店長とのコミュニケーションをはかる
［3］経営改革プロジェクトを発足する
［4］不良在庫を処理する
［5］不採算店を閉鎖・縮小する
［6］海外のリストラを進める
［7］主要幹部人材は固定する

［8］組織体制を変更する

会社の仕組みを変えなければ、売上は変わらない

まずはじめにおこなったのは、**経営陣の強化**でした。良品計画の業績が悪化し、前社長が辞任したことで、当時、営業を担当していた経営陣に経営から手を引いてもらいました。代わりに、三菱商事で繊維本部長をされていた人を専務に、西友で役員をされていた人を常務に新たに迎え、社内から二名を昇格させて、専務二名、常務二名の新体制に刷新しました。

そして、**主要幹部は固定させる**ことに決めました。それまでの良品計画では、ある部署の売上が悪くなると、部長が責任をとってやめるという風潮があったため、私が社長になるまでの三年間に、部長が五回も代わっている部署がありました。

しかし、売上が悪いのは部長だけのせいではありません。そこで、幹部人材は当面

代えないと決めました。商品部や販売部などの主要な部門長は三年間同じメンバーで固定をしたのです。

部門長をコロコロ代えると、部門長自身が、いつ代えられるかと不安になって腰を据えて仕事をすることができません。当面代えないと決めることで、腰を据えて、覚悟をもって仕事をするようにしてもらったのです。

「覚悟を決めて仕事をする」ことの大事さは先にも述べましたが、「覚悟を決められる」ように、会社がサポートする態勢をつくったと言ってもいいかもしれません。

そして、**組織体制も大きく変更**しました。それまでは、商品開発部、在庫管理部、不良品を出さないように商品の品質を管理する生産調達部の三つに組織が分かれていました。

それぞれの部署が分断されて仕事をしていたため、いわゆる部分最適のようになってしまっていることが多く、会社全体をうまくまわすための構造にはなっていませんでした。

これを全体最適にするために、商品部を新設し、その中に商品開発・在庫管理・生産調達の機能を統合しました。

商品を開発した人が、在庫の管理にも、品質の管理にも責任をもつようにして、全員が、同じ目標に向かって動けるような仕組みに変えたのです。

そして、経営には「現場」が一番大事だと考えておこなったのが、**店長と直接コミュニケーションをとる**ことです。

無印良品では、入社して三年ほどで全員が店長を経験します。この若い店長たちを九つのエリアごとに分けて、集まってもらう機会をつくりました。会社の状況を説明するだけでなく、店長たちからの率直な意見を聞き、現場の雰囲気を確認したいという思いからです。

実はこのとき、これからの無印良品に希望を見いだせたような気がしました。

それは、店長たちがとても元気だったからです。なぜ元気だったかといえば、店長はお客さんを見て仕事をしていたからです。

このころ、会社の本部は、リストラや経費削減の話ばかりで先も見えず、暗い雰囲気でした。けれども、お客さまと接している店長たちにはそうした雰囲気はなく、前向きに明るく仕事をしてくれていました。私も店長たちと接することで、ずいぶん元気をもらい、勇気づけられました。

経営破綻に陥りながらも再上場を果たしたＪＡＬも、キャビンアテンダントをはじめ、それぞれの立場・役割の現場の社員たちが一丸となって、気配りなどサービスの質を上げたことが再生につながったといいます。

現場が元気だったから再生できたという点は、良品計画と共通しています。会社が危機に陥ったとき、それを救えるのはやはり現場なのです。

そして、現場を確認しながら同時に進めていたのが、さまざまな経営課題をプロジェクト形式で改革していくための**「経営改革プロジェクト」づくり**です。たとえば、家賃を下げるプロジェクトや人件費を下げるプロジェクト、物流費を下げるプロジェクトなどをつくりました。

プロジェクトという形にした理由は、それぞれの課題を明確にし、確実にやり切るためです。プロジェクトリーダーには役員を任命し、社長である私と密に連絡をとりながら、一つひとつ課題を解決していったのです。

会社の出血を止めるためにおこなったこと

経営陣を強化すること、店長とのコミュニケーションを密にすること、経営改革プロジェクトを発足させること。これらは、会社の体制を整え直すためにおこなってきたことですが、赤字を減らして出血を食い止めるためには、より具体的な策をとることが必要です。そこで私がおこなったのは、不良在庫を処理することでした。

会社の業績が悪化するということは、商品が売れていないということです。もちろん、売れ残った商品の分の在庫はどんどん増えていきます。

それまでの無印良品では、売れ残った在庫を何とか処分しようと、翌年になっても、五割引き、八割引きにして売っていました。

しかし、それでも売れなかったものは焼却することに決めました。せっかくつくったものを捨ててしまうわけですから、大きなマイナスが出ます。これは手痛く、心情的にもつらいことでしたが、ここでガマンしなければ未来をつくることはできません。結局、原価で三八億円分もの商品を焼却処分しました。

また、とにかく会社からムダなお金が出ていくのを止める必要があったため、あらゆるコストを下げる方向で検討しました。不採算店を閉鎖・縮小したり、家賃を下げてもらうための交渉を始めました。

無印良品を出店させてもらっているディベロッパーに家賃の値下げをお願いに行きました。もちろん、交渉は簡単ではありませんでしたし、閉鎖するしかないお店もありました。また、三〇〇坪の店を二〇〇坪に縮小して坪効率を上げるなどもしました。

さらに、出血を止めるための施策として、海外のリストラにも着手しました。

一九九七年にイギリスに五店舗のみだった海外店舗を、九八年に「ヨーロッパで五〇店舗、売上二〇〇億円、店舗一〇倍、売上も一〇倍」というスローガンのもと、急拡大させましたが、これがすべて赤字になってしまったため、リストラを進めました。
これにはおよそ一七億円がかかりましたが、毎年の出血を止めるためには、どうしても今、手を打つことが必要だと判断しました。

体制の立て直しから、不良在庫、不採算店のウミを出し切るという一大転換。これらが、私が社長になって一年目にやった主な八つのことです。大きな方向転換をしましたが、しかしながらたった一年では、会社の止血は完全にはできませんでした。そして、二年目も出血を止めるために奔走しつづける日々となります。

「勝つ構造」にするために、何をすべきか？

私が社長になったとき、流通業界を専門にしている有名な証券アナリストからこう言われたことを、今でも覚えています。

「松井さん、日本の専門店で一度業績が悪化してから復活した例はないから、がんばってください」

つまり、負けた構造から脱出したうえで、勝つ構造をつくりあげるのが一番難しいということです。

負けた構造には理由があります。経営がでたらめだったのか、ビジネスモデルが崩れたのか、商品開発力が衰えたのか、大企業病になったのか、優れたライバルが現れたのかなど、いろいろな理由が考えられます。

その理由に応じて対策を打って、「勝つ構造」に変えていかなければなりません。一度傾いた企業は、**リストラで店を閉めたり、人員を整理したりして、出血を止めるだけでは再生しません**。それは、単にスタートラインに戻っただけだからです。そこから、次の「勝つ」段階をつくりあげることが何よりも重要となるのです。

それを肝に銘じて、次の成長へ向けての準備にとりかかりました。

勝つ構造にするためにおこなったことの一つに、自動発注システムの導入があります。それまでは、店長や担当者の勘と経験を頼りに発注していたのですが、調べてみると、実は売れているものの欠品が多く起こっていることがわかりました。

たとえば、婦人服の売れ筋ベストテンの表を持って店に行ってみます。すると、一〇個のうち三つは欠品している、というような状態です。いくら欲しくてもお店にないものは売れませんから、「売り逃し」が出ていることになります。この売り逃しをなくそうということで、自動発注システムを導入しました。

自動発注システムでは、過去一年間のデータをもとに発注していました。しかし、昨年はセールをやっていたとか、この時期に台風が来ていたなどということまでは勘案されませんから、発注数が多すぎたり少なすぎたり狂いが出ました。

「ほれ見たことか！　発注というのは創造的な仕事で、勘と経験がものを言う。人間にしかできないんだ！」

自動発注反対派からはこんな意見もありました。しかし、ここから希望が見えてきたのです。店長や担当者のなかに、データを活《い》かして売れ筋を確認し、欠品していたら発注し、売れ筋商品があればさらに目立つような展示に変えるといった工夫をこらす人が現れてくれました。

工夫をすると、やはり売れます。売れると、よりやる気が出てさらに工夫するようになります。売り場にこうした自主性が芽生えはじめたのが、社長になって二年めのことでした。

結果として、二〇〇二年度は減収にはなりましたが、出血を止める対策が功を奏して、増益にこぎつけることができました。〇一年が真っ暗闇の中を走っていたとしたら、〇二年はかすかに明るい光が見え出した、そんな心持ちでした。

会社の止血がようやく終わり、店には自主性も出てきた。こうして、反転攻勢をしかける準備を何とか整えることができたのです。

品質は、企業の体質を表している

少し回復のきざしが見えたとはいえ、いつまでも会社の止血だけに目を向けているわけにはいきません。何とか二年めでやり切り、少しでも次の成長に向けての準備をおこないたいと考えていました。

しかし、ここで深刻な問題が発覚したのです。

それは、商品の品質が下がってしまっていたことでした。お客さまからも、クレームというかたちでたくさんのお声をいただくことになりました。

私が社長になって二年めの二〇〇二年度は、品質に問題があって商品を回収するための「お詫《わ》びとお知らせ」の新聞謹告掲載を六回もおこなうことになりました。書くのも苦しいことですが、上期だけでも約七五〇〇件のクレームが届いていたのです。

無印良品は、「良品」とブランド名につけているにもかかわらず、一年に六回も商品の回収騒ぎを起こしてしまったのですから、お客さまには本当に申し訳ない気持ちでいっぱいでした。私自身も社内も、「このままでは、会社がなくなるかもしれない」という危機感を強くしていました。

品質というのは、企業の体質そのものを如実に表します。企業の体質が悪ければ品質が悪くなる。その思いを深く心にきざみました。

ここで本気になるかどうかで、会社の未来は決まる。そう考え、取引先の企業に出向き、社長か工場長と膝を突き合わせて、品質の向上についての対策を練りました。

商品をつくってくれている企業の営業担当者に、「不良品が出ないように品質を高めてほしい」と言うだけでは、効果はないからです。

そして、**こちらが本気になって取り組む姿勢が伝わると、先方もそれまで以上の力を出してくれるようになった**のです。それがわかってからは、クレームがあったら、その商品をつくっている現場である工場にすぐに駆けつけ、品質向上について話し合いをするようにしました。
その結果、五年後にはクレーム数を八〇パーセント以上減らすことができるようになったのです。

人は不足気味なくらいでちょうどいい

二〇〇三年からは、再度の成長を目指すため、国内、海外ともに、ふたたび出店を開始しました。すると、各部門から人員を増やしたいという要望が出てくるようになります。

出店をするということは、それだけ仕事が増えるということです。けれども私は、**人を増やして問題を解決することに、問題解決の本質はない**と考えています。

「人は不足気味なくらいでちょうどいい」、これが私の考えです。

なぜなら、人が足りなければ、そこに創意工夫が生まれるからです。たとえば、仕事が二人分増えたとします。そこで人員を二人増やしてしまうと、一人ひとりの仕事の効率は変わらなくなってしまう。これでは成長がありません。

増えた二人分の仕事を、どうすれば変わらない人数でできるのか。それを考えることで知恵が生まれ、仕事の効率が上がり、それは企業の競争力にもなります。

具体的には、**本当に増やすべき人員は、要望の一割ぐらいが妥当**だと考えています。

同じことは、システム開発のときにも言えます。これまで人がやっていた仕事を単にシステムに置き換えるだけでは、仕事の効率は変わらず、お金と時間をかけてシステム化する意味がありません。人がやっていたときよりもシステムを使って効率的におこなえるようにしなければ、システム化をする意味はないのです。

人を増やして問題を解決する方法と、現在のやり方をそのままシステム化する方法には、問題解決の本質はないということです。

もちろん、人手が不足すると、一時は社員につらい思いをさせることになります。けれども、大変なときほど本気になって仕事のやり方を改善しようとしますから、結果として、組織は強くなります。効率の悪い組織が生き残ることはできないのです。

計画を大きく上回ったら、反省しなさい

売上の管理は、どんな業種の企業でも細かくおこなっていると思いますが、総じて上ブレには甘い印象があります。売上の計画金額を大幅に上回ったとき「よくやった！」とほめている企業が多いのではないでしょうか。

しかし私は、**計画に対して上ブレしても反省する**ようにしています。

たとえば、新しく出店する際には出店基準書をもとに周辺のライバル店の売上などを調査し、新店の売上を予想して計画を立てます。この売上計画を大幅に上回って計画比一二〇パーセントの結果になったとしたら、なぜ二〇パーセントも読み間違えたのか、売上要因の何を見落としていたのか、反省する必要があると考えているのです。

計画を大幅に上回る結果なら、いいじゃないかと考える方も多いかもしれません。しかし、上回ったときも「失敗」ととらえることが大事なのです。

売上や利益は企業にとって非常に重要な数値です。ですから、それらの計画は正確であればあるほどよく、計画の精度が高ければ高いほど経営は安定します。それなのに、**計画よりも大きく上回ったということは、計画の精度が低かったということ**に他なりません。

私の知っているある会社では、計画比一二〇パーセント達成すると賞与が下がるそうです。いかに精度が高い計画をつくり、それを実行するかに重きを置いているかがわかります。

また、計画を上回ればほめられると思えば、あらかじめ計画を低めに設定しようとする心理が働くのが人間というものです。常に低めの計画にして、それを毎回達成したところで、はたして人も組織も成長できるでしょうか。

低い目標にしたからといって達成確率が上がるわけではありません。気の緩みが生まれるぶん、その低い目標すら達成できない可能性が高いのです。

だからこそ、計画は精査し、上回っても下回っても反省することが大事なのです。

「監査」のやり方一つで、店舗力は変わる

店舗の力を上げるために工夫したのが、監査室の仕事のやり方です。

店舗を持つ企業であれば、店で不正がおこなわれていないか、業務が決められたとおりに行われているか、指示されたことが指示どおりできているかなどを把握するための、監査項目というのがあると思います。良品計画の監査室は、店舗に行って店の状態と監査項目をチェックして、直すべき点があれば改善しています。

この**「監査チェック」を、抜き打ちでやってはいけない**。これは、しまむらに学んで無印良品が改善した、「店舗力」を上げるポイントです。

それまでの良品計画の監査では、監査担当者が突然店に現れて、守られていない項目がないかを厳しい目でチェックしていました。

店を預かる店長からすれば、監査担当者とは、自分たちのミスを告げ口する人のように感じられるため、できれば来てほしくない、もしくは早く帰ってほしい「歓迎されざる客」です。店長は「いつ来るか、いつ来るか」といつもビクビクしていなければなりません。しかも、次々とミスや欠点を指摘されれば、「だって仕方ないじゃないか」と、モチベーションが下がってしまうのです。

これを、「何月何日に行きます」と事前に通達して行くようにする。すると、店長たちは、監査日の前日までに店を一生懸命そうじしたり、あらかじめ監査項目が守られているか自分でチェックしたりします。守られていない項目を発見すれば直してしまいます。

「それでは、意味がないのではないか?」と思われる方もいるかもしれません。でも、仕事の「本質」を見つめ直してみると、そうではないことがわかります。**監査の本質は何かと考えてみれば、店舗がいつも一定の基準以上の状態を保っているようにすること**です。ですから、よい状態を常に保つためのアドバイスができれば、それでいいはずなのです。

するとと、監査担当者は、お店の不備を指摘する嫌われ役から、「こうしたら、もっとよくなりますよ」「他のお店では、こんな工夫をしていましたよ」という指導をする人に変わるのです。

新任の店長は、監査項目を守るのがせいいっぱいなこともあります。そんなとき、監査担当者が来て、他店の情報を交えてアドバイスしてくれるのはありがたいもの。するとと、監査担当者への信頼度が増し、「喜ばれる監査」になります。

嫌われる監査と喜ばれる監査の、どちらが効果が大きいか。どちらが社員の気持ちが上向きになるか。比べるまでもないでしょう。

臆病さこそ大事にせよ

これまで述べてきた改革が実を結び、二〇〇三年、〇四年と連続で約三〇パーセントの増益を達成して一番安心したのは、他ならぬ私自身でした。「奇跡のV字回復」というふうに言っていただくことも増えてきました。

しかし、社長が安心しているのを見て、社員も安心してしまい、組織は少しずつ緩んできたように感じたのです。

安心すると競争に負ける。油断するとかなり深い傷を負う。慢心すると致命傷を負う。こう気づいた私は、何よりも**謙虚、臆病、危機感を大事にする**ようになりました。

私自身も、かなり臆病なほうです。株主総会が始まる前は体調を崩しますし、大きな決断をする前は鼻血が止まらなくなることもあります。それほど臆病だからこそ、常日頃から、何かが起こったらどうすればいいか、どういう方法があるかを考えておくクセがついたのだと思うのです。

どんなに業績がよくなっても、どんなにまわりにちやほやされても、臆病でいられるかどうか。ここでその人、その組織の成長が決まります。

「もう大丈夫だ、うまくいった」と有頂天になる人は、自尊心ばかりが磨かれていき、成長が止まってしまいます。逆に、「今この業績がいつまで続くかわからない、次の手を考えておかなければ」と思う人こそが、成長しつづけられるのです。

ですから、今自分が「臆病だからリーダーには向いていない、ましてや経営者になどとてもなれない」と思う人は安心してください。その臆病さを、ぜひ大事にしてほしいと思います。逆に言えば、これまでの実績に自信をもっている人は、もう少し臆病さ、謙虚さを取り戻してもいいと言えるかもしれません。

それくらい、「臆病である」「謙虚である」ということが、大きく自分を助けてくれたと思うのです。

仕事において、「危機感を常にもて」とも、よく言われます。私も「どうすれば危機感を常にもっていられますか？　どうすれば危機感をもった組織になりますか？」とよく聞かれます。

これまで、私もいろいろな人に同様の質問をしてきましたが、どなたに聞いても「これ！」という正解はありませんでした。

危機感をもちつづけるというのは、それほど難しいことです。だからこそ、先人が皆言いつづけるほどに大事なのかもしれません。

社員全員が危機感を常にもちつづけるのが難しいのだとすれば、トップが常に警鐘を鳴らしつづけ、いつでも初心に立ち返ってもらえるようにするしかないと思っています。だからこそ、臆病さは大事にすべきなのです。

大事なことは大げさに言う

社長に就任したとき、口を酸っぱくして伝えていたのが「これまでは計画九五パーセント、実行五パーセントの組織だった。これからは**計画五パーセント、実行九五パーセントの組織にしよう**」ということです。

計画が一流で実行力が二流の組織と、計画が二流で実行力が一流の組織が戦ったとき、どちらが勝つでしょうか？　答えは、実行力が一流の組織です。

もちろん、計画はしなくてよいと言っているわけではありません。しかし、一流の計画をもっていても、それを実行できなければ意味がありません。けれども、たとえ計画があまりよくなかったとしても、実行してさえいれば、どんどん改善していくことができます。

ですから、とりあえずは実行力を上げるために極端な言い方をしたほうがいいと考え、計画五パーセント、実行九五パーセントという表現をしたのです。

「最重要課題に九五パーセントの力を注ぎなさい」

こう言う経営者はたくさんいます。しかしこれは、本当に他の課題は五パーセント程度でやればいいということではありません。このくらい極端な表現をしないと、一番大事な仕事さえできず、企業の目標が達成できないからです。

私は、「振り子は大きく振れ」とよく言っています。振り子を振ると、最初は大きく揺れ、時間がたつにつれて振れ幅は小さくなり、いずれ真ん中で止まります。振り子を最初から少ししか振らなければ、すぐに止まってしまいます。しかし、できるだけ大きく振れば、それだけ長い時間動きつづけます。

目標にも、これと同じことが言えます。「計画五パーセント、実行九五パーセント」と言っていると、最終的には計画五〇パーセント、実行五〇パーセントぐらいの組織になります。

最初から五〇パーセントのところを目指しても、五〇パーセントのところまで到達することはまずありません。

「振り子を大きく振って始める」。これを大事にすると、目標地点まで到達することができるのです。

会社は社長の人格以上に大きくならない

社長をやってみて、つくづくわかったことがあります。

それは、「会社は、トップである社長の人格以上に大きくなることはない」ということです。自分が未熟であるとわかれば、それを補う必要があります。

私が一キロ先までしか見えていないとしたら、世の中には三キロ先まで見えている人がいます。そういう人にお願いして、社外取締役として会社を見てもらうことも、社長時代に始めました。

また、自分たちの問題や課題を自分たちだけで解決しようとしても難しいということもあります。**同じような問題や課題をすでに解決している企業を見つけて教えを請うことができれば、自分たちで一から試行錯誤するよりも、圧倒的に速く解決することができます。**

自分で何とか解決する力をつけることも確かに大事です。しかし、覚悟を決めて仕事に取りかかっていれば、必ず誰も解決したことのない問題に突き当たります。

そんなとき、解決したことのある誰かに教えてもらうことができれば、そのほうがいいと私は思うのです。

そういう意味で、会社は大きな耳をもった、大きな器であるべきだと思います。広く聞き、受け入れ、自社に活かそうとする風土。挑戦や新たな試みを是とする社風。そんな会社の「器」は、そのトップである社長で決まると思うからです。

第五章

未来を変える「松井式」目標達成法

なぜ、大きな目標をつくるべきなのか？

「人はどうすれば成長できるのか？」
「組織はどうすれば成長できるのか？」
人事の担当者として、経営者として、このことをずいぶん考えてきました。

私はそのためには、大きな目標をつくるほかないと考えています。

目標は、大きければ大きいほど、集中力が高まり、かつ長続きします。

たとえば、ＭＢＡを取得することを目標にしたとします。これまでと同じ生活をしていたのでは勉強する時間がつくれませんから、集中して仕事を終わらせて早く帰るなり、飲みに行く時間を減らすなり、朝早く起きるなり、覚悟をもって生活を一変させる必要があります。何かを犠牲にすることで、勉強する集中力も高まりますし、大きな目標があればこそ、一年、二年と続ける継続力も生まれます。

高い目標なしに、同じだけ勉強できる人はおそらくいないでしょう。高い目標を掲げて、それを達成することで、人は初めて高いところに行くことができるのです。

高い目標を達成するのは難しいからと、実現できそうな低い目標を立てる人がいますが、これが目標の達成確率を高めるかというと、そんなことはありません。

私は、食べたり飲んだりすることが好きなこともあり、三〇代のときに八四キロまで体重が増えたことがありました。ベスト体重より、なんと一三キロもオーバーしていたのです。

さすがにまずいと思ってダイエットを始め、試行錯誤の末、ベスト体重の七一キロを実現することができました。

しかし五年もたつと、また体重が増えだします。何度もリバウンドをくり返し、三〇代、四〇代、五〇代と、なんと三回も一三キロのダイエットをすることになりました。

一三キロも増える前に、三、四キロ増えた段階で減量すればいいはずなのに、これがどうしてもできないのです。

一三キロもの減量ができると思うと、三、四キロならいつでも減らせるという思いがあり、「今日はいいか」とか、「せっかく誘ってくれたから食事に行こう」とか、「疲れたから飲んで帰ろう」などと自分に甘くなり、誘惑を断ち切ることができないのです。

一三キロ増えて、危機感が芽生え、減量する覚悟が決まると、こうした誘惑にも勝つことができるのですが、危機意識や覚悟がない段階では、三、四キロの減量という低い目標であっても達成することができないのです。

人は、**低い目標だから達成しやすいということはなく、甘く見てしまうぶん、達成が困難になりやすい**ものです。逆に、高い目標は達成が難しいことがわかっていますから、必死になります。すると精神論だけでなく、方法や取り組む意識もまったく違ったものに変わります。だから、達成できる可能性が高まる。

目標を立てるなら、高い目標を立てるほうがいいと考えるのは、こういう理由からです。

ですから、もしも仕事の上で目標を立てるのであれば、自分が思いつく中で、できるだけ高い目標を立てることをおすすめします。少し無理をしなければ到達できないところに目標を設定することで、全力を傾けることができるようになるのです。

外から与えられた目標は必ず達成する

私が良品計画の無印良品事業本部長になったときに立てた目標があります。それは、店舗をすべて訪問することです。土日しか行けないため、一年以上かかりましたが、すべての店舗に足を運ぶことができました。

また、社長になったときには、全店長に会って話すと決めて実行しました。

「やったほうがいいな」と思うことは、目標として定め、手帳などに書くことです。

「やったほうがいいな」と思うことはあっても、日々の優先事項に忙殺されて、やるべきことでせいいっぱいになり、着手できないことは多いものです。私自身も、目標として掲げていなければ、実際に行動できなかったかもしれません。だから、「やりたいな」と思っていることは、目標として書いておくのです。

一方で、私は社長になるという目標を立てて、社長になったわけではありません。社長になるとか、部長になるといった目標を立てても、あまり意味がないと考えています。なぜなら、自分の努力だけではどうしようもない部分があるからです。

社長や部長は、客観的な試験に合格したらなれるものではありません。他人が決めることなので、目標までの決まった道筋というものがありません。

それよりも、はっきりと達成までの過程が見えていて、自分の努力次第でたどり着ける目標を見つけるほうが、成長は近いと考えています。

そして、自分で目標を立て、それを達成することも大切ですが、会社や組織においては、それ以上に、**外から与えられた目標を達成することが何より大切**です。

私が総務人事課長として良品計画に来たときに最初に与えられた目標は、人事制度をつくることでした。それをやり遂げて総務人事部長になり、次に転籍という与えられた目標を成し遂げることで取締役になりました。

流通推進部長のときも一〇〇億円で物流改革をおこなうという難しい目標が与えられ、福岡、神戸、浦安に物流センターを一つずつつくることで目標を達成しました。

このように、目の前にある「求められていること」「与えられた目標」を、未来に続く階段ととらえ、一段ずつ確実に上ること。これが、まわりの信頼を得ることにも、自分の力をつけることにもつながります。

目標をクリアするごとにポストアップし、給料が上がるというのは、世界共通の仕組みです。目標は、人の能力を上げ、生産性を高めます。目標を達成すればうれしくなり、それが次の目標へのモチベーションにもなります。

もし目標を達成することができなかったとしても、目標を達成しようと必死にやれば、能力や生産性は上がります。目標を達成するために「必死にやる」ということが、何よりも大事なのです。

相手の立場に立つと、本質が見えてくる

物事に必死で取り組むことで、人は成長します。ですから企業は、社員一人ひとりが必死になれるような目標を与えることが重要です。

無印良品では、「必死にやる」経験を積ませるために、異動を定期的におこなっています。 新しい仕事に就けば、また一から学ばなければなりませんし、それでいて早く成果を出すことが求められますから、必死にならざるをえません。

この「必死にならざるをえない」環境を、計画的な異動でつくっているのです。

そのために人材委員会という組織をつくり、会社の全体最適を考え、適材適所の人材配置を実現しようとしています。

また、社員一人ひとりの異動は、公平性と透明性を高めるために、全役員による人材委員会の話し合いで決まります。

たとえば、自分の部下によいポジションを与えようとして「彼を課長に」と推しても、他の役員から「まだ早いのでは」といった客観的な意見が出ます。また、上司との相性が悪いために、懲罰人事や左遷などのマイナスの人事異動が出そうになっても、複数の役員の話し合いで決めるようにすれば避けられます。

人事においては特に公平性と透明性が大切になるので、「人材委員会」という仕組みをつくって、確実に実行しているのです。

異動を計画的におこなうもう一つの理由は、**立場を変えることで見方が変わり、本質的な見方ができるようになるから**です。見える角度を変えることで、仕事の本質に迫ることができるのです。

たとえば、商品開発の部署にいると、「売れないのは、販売方法が悪いからだ」と考えがちです。しかし、この人が販売部に異動してみると、商品力こそが売れ行きを左右しているということがわかります。

また、販売部で「売れ筋が欠品するのは在庫管理が悪いからだ」と考えていた人が商品部に異動すると、欠品が絶対に起こらないほど在庫を持つことが、どれほどリスクが高いことかがわかります。

人事一筋、営業一筋、商品開発一筋というと、その分野のプロフェッショナルであり、専門家として企業になくてはならない存在のように言われますが、実はそのメリット以上にデメリットが大きいと私は考えています。

ある部門一筋という人は、その部門のことは真剣に考えますが、他の部門のことはよく知らず、知らないがゆえに対立しやすくなります。「相手の立場で考えろ」と言っても、相手の立場がよくわからないのです。

相手の立場で考える一番いい方法は、異動して、本当に相手の立場に立ってみて、そこで真剣に自分事として考えることです。

「部分最適ではなく全体最適」というのも、私が口グセのようによく言うことですが、

〝その道一筋〟の人は部分最適に陥りやすく、なかなか全体最適を考えることができません。それを防ぐためにも、計画的な異動をおこなったほうがいいと考えています。

仕事のヒントを見つけやすい「考え方」

大きな目標を達成しようとすると、たいてい一度や二度は壁にぶつかります。この壁にぶつかったときが成長のチャンスで、まずは自分の頭で必死に解決策を考えます。四六時中考えていると、ふとしたときによいアイデアが浮かぶことがあります。

私の場合は、お風呂に入っているときとウォーキングをしているときが多いのですが、ブツブツ独り言を言いながら考えていると突然ひらめきます。ひらめきは忘れてしまうことも多いため、すぐにメモをとります。

あとからこのメモを見ても、本当によいアイデアであることは実は少なく、多くは大したことのないアイデアです。それでも、まずは自分の頭で必死に考えます。

自分の頭で考えてもよい解決策が思いつかないときには、どこかに解決策がないか、すでに同じような問題を解決した企業がないかを探します。そして、ヒントになりそうな事例や企業を見つけたら、それを実際に見に行きます。

必死に考えたあとであれば、そこで必ずヒントを見つけることができるでしょう。逆に、大して考えもせずに安易に見に行くと、せっかくのよい事例であっても、ヒントに気づくことはできないでしょう。

問題意識のない人、浅い人は、どんなによいやり方を見ても、そのよさに気づくことはできないのです。

有名になったこともあり、ＭＵＪＩＧＲＡＭ《ムジグラム》を実際に見に来る人もたくさんいますが、そこから自分たちのマニュアルづくりに活《い》かせている企業はほんの一握りにすぎません。

私も、これまでに業種に関係なく一〇〇社以上の企業に行き、いろいろなヒントをもらいました。すべてを活かせたかといえばそんなことはありませんが、これまでに述べてきたとおり、大事なヒントをもらって、それを無印流のやり方にして活用した例がたくさんあります。

他力本願では目標を達成することも、成長もできませんが、自力だけでもできません。「**自力を出し尽くしてから他力を求める**」というのが、ヒントを見つけるために重要な順番だと考えています。

手帳に毎日の天気をメモする理由

目標を一つひとつ実行し、達成するために、私は手帳を使ってきました。日々の仕事を自分で細かく管理するのには、手帳が一番だと思います。

無印良品事業本部長になったときから続けているのが、毎日の天気をメモすることです。「えっ、天気？」と思われたかもしれませんが、私たちの商売は天気に大きく左右されます。雨の日と晴れの日では売れ行きがまったく違うのです。

たとえば、昨日の売上が集計され、昨年比一〇三パーセントだったとしましょう。昨日も晴れで、昨年も晴れなら三パーセント伸びたことになりますからいいのですが、昨日が晴れで、昨年が雨だったとしたら、三パーセントの伸びでは、実質、昨年より売上が下がったことを意味します。

昨年比一三〇パーセントという結果でも、昨年が台風や雪の日だったとしたら、それは当然の結果というわけです。

日々の売上の積み重ねが一年間の売上になりますから、**一日単位で細かく見て、売上不振にいち早く気づき、一日でも早く手を打つことが年間売上目標の達成には欠かせません**。そのための天気メモなのです。

天気以外にも、セールの有無や種類によっても売上が大きく左右されるので、これらも細かくメモしてあり、比較するときにはそれを考慮に入れます。

昨年の天気やセールを知るために、昨年の手帳は会社のデスクの引き出しの中か、かばんの中にあり、今年の手帳は背広の内ポケットに必ず入れています。さらに、発売されたらすぐに来年の手帳を買い、これも今年の手帳と一緒に持ち歩いています。

手帳にやるべきことを書いて、実際にやったらそれを棒線で消す。これをくり返すだけで、やり残すことがなくなり、実行力が高まります。

最悪なのは、忘れてしまって、やるべきことを漏らしてしまうことです。何日までにチェックして渡すと約束した資料を渡し忘れれば、信頼に傷がつきます。信頼関係が壊れてしまえば、どんな仕事もうまくいきません。

手帳に書くことで、やり忘れや仕事の漏れを確実になくすことができます。

土日のうち一日は、翌週の準備に当てなさい

私は土日のどちらかに、一週間を振り返り、次の一週間の準備をします。ここで、一週間の棚卸しと、来週の準備をすることができるからです。

このときにも手帳が役立ちます。まず、過ぎた一週間を見返して、やり残した仕事がないかを確認し、もしあれば、それをいつやるかを決めて手帳に書き込みます。手帳には、お酒を飲んだかどうか、店で食事をしたら、何を食べたか、その評価も含めてメモしてあります。

一週間のうちに二日はお酒を飲まない日をつくりたいと思っているので、それが達成できたかを確認し、ついつい飲みすぎていたら、翌週は必ず守れるように飲まない日を決めてしまいます。

次に、翌週の予定を見て、キーになる仕事が何かを考え、その準備をしておきます。

たとえば、講演が五つ入っていたら、それぞれのテーマを見て、何をお話しするかポイントのメモ書きをつくります。人材育成の講演もあれば、幹部研修で経営についてお話しすることもあります。ある企業の取引先の集まりで商品づくりについて話すこともあります。それぞれの要望にきちんと応えるためには、先の準備が欠かせないのです。

また、本や雑誌、新聞を読んで共感した言葉があると手帳に書き、ときどきそれらを見返すようにしています。

私は、社長になってからの手帳はすべて保存してあります。引き出しを開けると、常に一〇冊以上の手帳がずらりと並んでいます。「あのとき、何があったかな」「あの年はどうしていたかな」などと考えるたび、手帳を開いて確認することにしています。

自分が自分のために、会社のために書きつづけてきた成長の記録でもあり、手帳は捨てることができません。

不器用であることも才能ととらえる

人が成長するためには目標が重要であり、目標に向かって日常生活を変えることが成長につながります。ただ、人間というのは、そんなに簡単に変われるものでもありません。一年前の手帳を見て、「ああ、自分は成長したな」と思える人はなかなかいないでしょう。

しかしながら、一〇年前の手帳を見ると、「自分も少しは成長したかもしれない」と思えるから不思議です。成長を確認したければ、そのくらい長いスパンで見なければならないということかもしれません。

何事も、二年や三年続けただけではまだまだ事足りず、五年、六年、七年と続けてようやく少し成長を実感できる。覚悟を決め、目標に向かって、くり返し愚直にやりつづける以外に成長する方法はないのでしょう。

これは、ノーベル賞をとるような人でも同じではないでしょうか。特別な才能があったから賞がとれたわけではなく、覚悟を決め、あきらめることなく愚直にやりつづけたから成果が出たのだと思います。

「不器用であることも才能」とよく言うのですが、器用な人というのは、すぐに何でもできるようになるためか、何をやっても長続きしないことが多いもの。

一方、不器用な人は、なかなかできるようにならないため、できるまで根気強くやりつづける能力が身につきます。どちらが大成するかといえば、後者であることが多いでしょう。

コツコツとがんばりつづけることができる人のほうが、最終的にはより高いところまで上っていけるのだと思います。

有名な料理人には不器用な人が多いと聞きます。不器用であるがゆえに、器用な人の何倍も、何十倍も失敗を重ね、皮をむくのも、出汁《だし》をとるのもていねいにおこなうようになる。そして、そうした積み重ねが大きな味の違い、見栄えの違いを生み出すのでしょう。

したがって、**不器用であることも、その人にとっては大事な才能**なのです。

徹底的にやりつづけることだけが、人を変え、組織を変える

同じことを徹底的に長くやりつづけるためには、やることは絞らざるをえません。多くのことに手を出したら、それら一つひとつが中途半端に終わります。

では何に絞るかといえば、本質的なことでしょう。本質的でない枝葉の仕事をいくら長く続けてやっても大した成果は出ませんし、成長もできません。

徹底的に長くやりつづけるべきことは本質を突いたことであり、本質に迫ることです。本質を見極め、「これだ！」と決めたら、覚悟を決めてやりつづけるようにする。

それが大切なのです。

もちろん、やりつづける中で変えていくことも大事です。皆さんもよくご存知のPDCA（Plan, Do, Check, Action）サイクルで言えば、多くの企業はPDに傾注するあまり、CAがおろそかになりがちです。

しかし私は、**大事なのはCA、チェックとアクションだと考えています**。常によりよい方向、本質に迫る方向に変化させつづけられるかどうかで勝負が決まります。

二〇〇一年に、私が良品計画の社長に就いたとき、店舗のリストラなどの対症療法をいくつもおこないましたが、そうした仕事をやっていて気づいたのは、対症療法だけでは回復できないということでした。

次なる成長に向けて何が本当に大事なのか、本質は何かと考えつづけて得た結論は、「社風を変える」ということでした。企業文化を変える以外に次の成長はないと考えたのです。

それから十数年がたちました。まだまだ十分ではありませんが、それでも当時と比べたら、人も、組織もずいぶんと成長したのではないかと思います。

本質追求能力も、実行力も上がってきましたが、少し気を抜くとすぐに元に戻ってしまうこともまた明白です。

これからも、本質を見極め、見極めたことを愚直に徹底的にやりつづけることで実行力を上げていくことができれば、無印良品はまだまだ成長できると確信しています。人と組織の成長の伸びしろは、無限に残されているからです。

おわりに

社長になると、見える景色が変わると述べました。

その理由は、会社全体、業界全体を見ようと視野を広げることから変わるのと、これまでは目の前の仕事を見ていればよかったところを、三年先、五年先、一〇年先を読もうとすることで変わるという両方があります。

社長の仕事というのは、来年、具体的に何をやるかを考えることだと言えます。一年後の決算を考えて仕事するのが社長です。

たとえば、今商品開発を始めたとして、新商品として発売できるのはだいたい一年後です。販売手法を変えようと動きはじめてから、実際に導入するまでにも一年、販売方法を変えようとしても、店舗に導入されるまでにはやはり一年ぐらいかかります。

新しいことを始めたとしても、その成果が出るのは、だいたい一年後ということが多いものです。ですから私は、常に一年後を見据えて仕事をしていました。

売上を伸ばして利益を稼ぐ方法には、いくつもの方法が考えられます。その中から、これをやると決めるのは社長です。それがうまくいけば一年後の決算がよくなり、うまくいかなければ一年後の決算は悪くなります。

つまり、今出ている数字は一年前の仕事の結果であり、実は一年前に勝負がついているということです。

これを、自分自身に置き換えてみても同じです。今の自分の仕事の成果は、一年前に何をやっていたかで決まっています。一年前に信頼の土台に気をつけていれば、今は部下とよいチームをつくれているでしょう。一年前に実行しはじめたことは、芽が出はじめているかもしれません。

つまり、今少しでも始めることで、来年の自分を変えていくことができるということです。

進化を続ける一年、一年を積み重ねることによって、一〇年後には大きな差を生むことができると私は思っています。

おこなうことすべてがうまくいくわけではないかもしれません。しかし、本質をつかみ、実行しつづけることだけが、自分や会社を成長させていきます。

教育の効果も、成長も遅々としたもの。すぐに結果が出ないことのほうが多いものです。それでも継続していくことができるかどうか。生き残る企業と消えていく企業、そして生き残る人と消えてしまう人の違いはそこにあるのではないでしょうか。

この本に書いたことが、読者の皆さまの一年後、そして一〇年後を変え、よりよい仕事人生をつくる一助となれば、こんなにうれしいことはありません。

著者

【著者略歴】

松井忠三（まつい・ただみつ）

1949年、静岡県生まれ。株式会社良品計画会長。

1973年、東京教育大学（現・筑波大学）体育学部卒業後、西友ストアー（現・西友）に入社。1992年に、良品計画へ異動。総務人事部長、無印良品事業部長を経て、初の減益を出した直後の2001年に、社長に就任。わずか２年でＶ字回復を成し遂げ、2007年には過去最高売上高（当時）を達成した。2008年より現職。

著書に、『無印良品は、仕組みが９割』、『無印良品の、人の育て方』（ともにKADOKAWA）がある。

覚悟さえ決めれば、たいていのことはできる

2015年5月10日　初版印刷
2015年5月20日　初版発行

著　　者　松井忠三
発 行 人　植木宣隆
発 行 所　株式会社サンマーク出版
〒169-0075 東京都新宿区高田馬場2-16-11
電話 03-5272-3166（代表）
印　　刷　共同印刷株式会社
製　　本　株式会社若林製本工場

ISBN978-4-7631-3459-2 C0030
ホームページ　http://www.sunmark.co.jp
携帯サイト　http://www.sunmark.jp

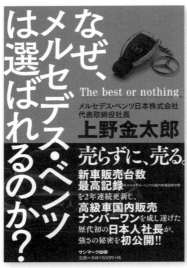